SANGUINE
Conté
A PARIS
FRANCE 610
SEPIA
Conté
A PARIS
FRANCE 617
Chinese White
REXEL CUMBERLAND Derwent Drawing
MADE IN GT. BRITAIN

Grundlagen DER ZEICHNUNG

Titel der Originalausgabe: „Temas básicos de dibujo".
Aus dem Spanischen übertragen von Christa L. Cordes

1. Auflage 1994

Herausgeber und Idee: Jordi Vigué
Text: David Sanmiguel Cuevas
Fotos: Estudio Nos & Soto
Reihengestaltung: Toni Inglès
Grafische Gestaltung und Umbruch: Josep Guasch
Lektoratsassistent: Jordi Martínez

Herstellung und Satz:
Verlagsservice Henninger GmbH, Würzburg

ISBN 3-924433-57-7
Printed in Spain

Schritt für Schritt leichtgemacht

Grundlagen

DER ZEICHNUNG

EDITION
MICHAEL FISCHER

INHALT

Das Buch, das Sie in Händen halten, befaßt sich mit einigen schlichten Grundthemen (Skizzen, Entwürfe, Details, kleine Stilleben etc.) und einer Reihe von einfachen Techniken (Bleistift, Zeichenkohle, Rötel, Farbkreiden etc.) Wir haben uns auf diese Disziplinen beschränkt, weil ihre Beherrschung unserer Ansicht nach für jeden hilfreich ist, der erst mit dem Zeichnen beginnt oder noch keine große praktische Erfahrung darin besitzt. Die Übungen sind leicht und werden mit einfachem Material durchgeführt. Wir meinen, daß man sich zu Beginn ein bescheidenes Ziel setzen sollte, das nach menschlichem Ermessen auch erreichbar ist.

Der Anfänger muß seine Aufmerksamkeit auf die Grundlagen richten und den einfachsten Weg einschlagen. Er darf es nicht eilig haben und sollte zunächst eine Technik gründlich erlernen. Deren perfekte Beherrschung wird ihm den Weg ebnen, so daß er die komplizierteren Techniken später um so leichter begreift. Es ist wie beim Besteigen einer Leiter: Man muß zunächst die erste Stufe erklimmen, um bis nach oben zu gelangen. Wappnen Sie sich also mit Geduld und Sorgfalt beim Erlernen der Technik und der Praxis des Zeichnens. Verlangen und erwarten Sie nicht zuviel von sich. Nach beständiger und manchmal langwieriger Übung werden Sie die Früchte genießen und die Befriedigung über ein gelungenes Werk erfahren.

Glauben Sie nicht, daß die abgeschlossenen Arbeiten keinen Wert oder Reiz besitzen, nur weil sie in den Grundtechniken angefertigt werden und schlichte Motive zum Gegenstand haben. Nichts wäre falscher als das. Bei der Planung dieses Buches fürchteten wir zunächst ebenfalls, daß bei so nüchternen technischen Themen ein farbloses, unattraktives Werk herauskommen würde. Wenn ich aufrichtig sein darf, muß ich gestehen, daß ich inzwischen einen völlig anderen Eindruck habe. Wir konnten uns eben nicht vorstellen, daß sich mit so schlichten Mitteln (einfache Techniken, leichte Themen) ein derart reizvolles Ganzes (Buch) erzielen ließ. Bleibt mir nur, Ihnen zu wünschen, daß Sie beim Durcharbeiten des Textes und bei der Ausführung der Übungen, die wir Ihnen vorschlagen, zumindest halb soviel Spaß haben wie die gesamte Verlagsmannschaft bei der Zusammenstellung dieses Buches. Ich bin fest davon überzeugt, daß Ihnen das Werk, das wir Ihnen zu treuen Händen überreichen, einige angenehme Stunden verschaffen kann. Sollte es so sein, wären wir sehr zufrieden mit unserer Arbeit, die wir heute zum Abschluß gebracht haben.

Jordi Vigué

MATERIAL UND WERKZEUG ZUM ZEICHNEN

Auf dieser Doppelseite zeigen wir Ihnen verschiedenes Zeichenmaterial. Wir beginnen mit dem Papier, das als Einzelblätter oder als Block in unterschiedlicher Größe und Qualität erhältlich ist (A). Ferner finden Sie einen Satz Bleistifte und Graphitstäbchen unterschiedlicher Gradation (B), Conté-Stifte, weiße, schwarze, graue und farbige Kreiden (C), komprimierte Zeichenkohle und Rötelkreide für Minenhalter (D), Kohle-, Kreide- und Rötelstifte sowie Stifte mit einer Mine aus synthetischer Kohle (E); Zeichenkohle unterschiedlicher Stärke (F), Wischer (G), mehr oder weniger harte knetbare Plastikradierer sowie einen Radiergummihalter (H), ein Zeichenbrett mit Metallklemmen und weitere wichtige Utensilien wie Reißzwecken, Cutter, Bleistiftspitzer und Schaber (I); saubere Lappen und Fixativspray sowie einen manuellen Zerstäuber.

DER BLEISTIFT UND SEINE VARIANTEN

Der Bleistift oder Graphitstift ist das charakteristischste Zeichengerät. Die Hersteller bieten Stifte in unterschiedlicher Gradation an. Stifte höherer Qualität umfassen 19 Gradationen, die mit dem Buchstaben B (weich) für die künstlerische Zeichnung (B, 2B, 6B etc.) oder H (hart) für technische Zeichnungen versehen sind (H, 2H, 5H etc.). Eine gute Auswahl besteht aus je einem Stift 2B, 4B und 8B sowie einem Stift HB für feine Linien. Ferner sind reine Graphitminen ohne Holzzylinder in unterschiedlicher Härte und Stärke im Handel. Man verwendet sie in Minenhaltern mit feinem bzw. mittlerem Durchmesser. Die tiefschwarze Conté-Mine ist ebenfalls als Stift und als Stäbchen erhältlich.

ZEICHENKOHLE, FARBKREIDEN UND RÖTELSTÄBCHEN

Zeichenkohle wird als Stäbchen mit einem Durchmesser von 5 mm bis 15 mm hergestellt. Von manchen Marken ist sie in drei Gradationen erhältlich: weich, mittel und hart. Ein Derivat der Zeichenkohle ist der Kohlestift. Weitere ausgezeichnete Varianten sind die komprimierte Kohle, die manchmal mit Ton sowie bindenden Substanzen gemischt ist, die sie erheblich farbintensiver und stabiler machen als reine Zeichenkohle. Außerdem ist Kohlepulver erhältlich, das normalerweise für sehr große Grauflächen in Verbindung mit Kreiden oder komprimierter Kohle verwendet wird. Kreiden bestehen aus einer Art Kalkstein, zu dem ein Bindemittel kommt. Sie können weiß und farbig sein. Für Zeichnungen werden am häufigsten Weiß, Schwarz sowie Sepia oder Siena dunkel verwendet. Sie sind als Stäbchen oder Stifte erhältlich. Rötelkreide besteht aus Kreide plus rotem Eisenoxid. Es gibt sie als Stäbchen und als Stift. Kreiden und Rötel ergeben einen intensiven matten Strich. Beide werden häufig für die künstlerische Zeichnung verwendet.

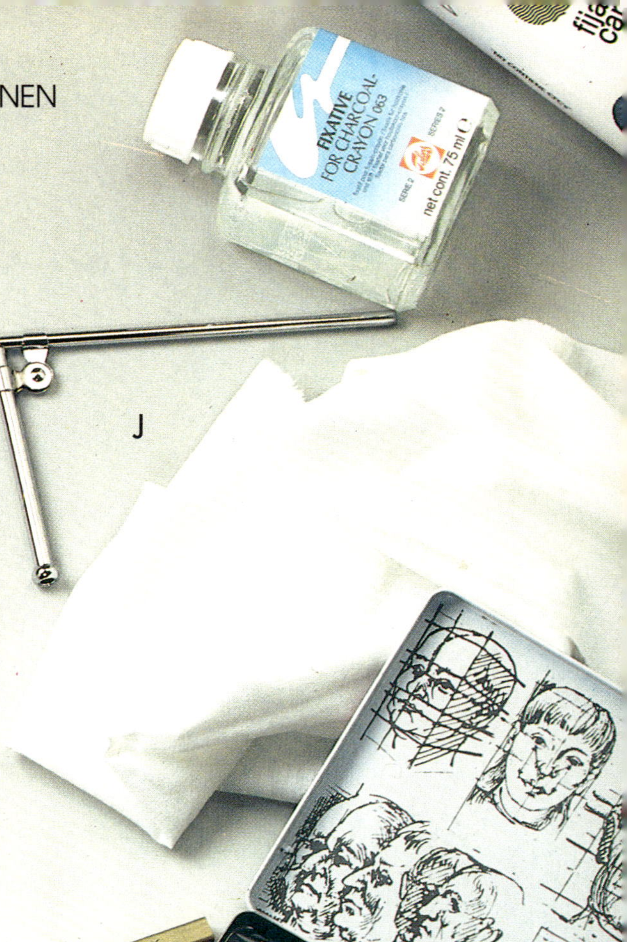

WISCHER, RADIERGUMMI UND FIXATIV

Wischer bestehen aus aufgerolltem saugfähigem Papier mit einer Spitze an beiden Enden. Man verwendet sie zum Radieren und Verschmelzen von Bleistift-, Kohle-, Kreidestrichen etc. Am häufigsten benötigt man die mittlere Größe. Radiergummi gibt es in unterschiedlichster Ausführung. Für die Bleistiftzeichnung eignet sich am besten ein Radierer aus weichem Gummi oder Plastik. Für Zeichenkohle sollte der Gummi knetbar und äußerst saugfähig sowie von sehr weicher Konsistenz sein. Das Fixativspray ist für Kohlezeichnungen gedacht. Es ist auch in Flaschen mit einem röhrenförmigen Zerstäuber erhältlich, mit dem man die Flüssigkeit auf das Papier bläst.

ZEICHENMAPPE UND ZEICHENBRETT

Auf einem Zeichenblock kann man direkt arbeiten. Für Einzelblätter oder Papier von der Rolle benötigt man dagegen eine feste Unterlage. Diese kann aus der Zeichenmappe oder einem Zeichenbrett bestehen, auf dem wir das Papier mit Metallklemmen befestigen. Vergessen Sie nicht, daß Einzelblätter immer in einer Zeichenmappe aufbewahrt werden müssen.

DAS ZEICHENPAPIER

Mit Ausnahme sehr feinen Papiers oder Papier mit Spezialbeschichtung eignen sich alle Sorten zum Zeichnen. Wir unterscheiden Papier herkömmlicher Qualität aus Holzschnitzeln und Qualitätspapier, deren Papierbrei einen hohen Prozentsatz an Textilfasern enthält, zum Beispiel das von Arches, Grumbacher oder Schoellershammer. Qualitätspapier erkennt man am Handelszeichen oder Namen des Herstellers, der in eine Ecke des Blattes geprägt ist oder als traditionelles Wasserzeichen bei Gegenlicht erkennbar wird.

DAS PAPIERKORN

Die Papiersorten werden mit einer unterschiedlichen Struktur angeboten. Man unterscheidet: *satiniertes Papier* mit beinahe unsichtbarem Korn, das besonders für Feder- und Bleistiftzeichnungen geeignet ist und da wiederum vor allem für Porträts; *Papier mit feinem Korn* für Zeichnungen mit Bleistift, Wachskreide und Farbstiften; *Papier mit mittlerem Korn* vor allem zum Zeichnen und Malen mit Pastellkreiden, Rötelstäbchen und Farbkreiden; *Papier mit grobem Korn*, das insbesondere bei der Aquarellmalerei zum Einsatz kommt; *Büttenpapier* in Weiß, Ocker und Siena, das häufig für Kohle- und Rötelzeichnungen verwendet wird und eine Spezialstruktur besitzt, die hervorragend bei Gegenlicht zu erkennen ist.

Alle bedeutenden Papierhersteller oder zumindest fast alle bieten sämtliche Papiersorten an. Jede besitzt ihre spezielle Struktur, die das Aussehen der Zeichnung bestimmt: Je größer das Korn ist, desto stärker macht sich die Struktur im fertigen Werk bemerkbar.

Häufig verwendet wird ebenfalls *Cansonpapier Mi-teintes,* ein Papier mittlerer Körnung, das in einer breiten Farbenskala erhältlich ist. Auf der Vorderseite ist das Korn gröber als auf der Rückseite.

HANDELSFORMEN UND MASSE

Zeichenpapier wird als Einzelblätter und als Blocks von 10 bis 25 Blättern in folgenden Standardmaßen angeboten: Viertelbogen (35 x 50 cm), halber Bogen (50 x 70 cm) und ganzer Bogen (70 x 100 cm). Ferner ist es in Rollen von zwei Meter Breite bis maximal zehn Meter Länge erhältlich. Diese Maße können je nach Hersteller etwas variieren.

Es sei darauf hingewiesen, daß sich das meiste Aquarellpapier (mit Ausnahme des sehr groben) auch hervorragend zum Zeichnen mit Bleistift, Kohlestift, Zeichenkohle, Rötel, Farbkreiden und Pastellen eignet. Nicht angezeigt ist es für Federzeichnungen, für die normalerweise stark satiniertes Papier ohne Korn erforderlich ist.

GRUNDTECHNIKEN DER KÜNSTLERISCHEN ZEICHNUNG

Nachdem wir uns mit dem Zeichenmaterial selbst befaßt haben, wollen wir jetzt erfahren, wie man es benutzt. Bleistifte, Farbkreiden, Rötelstifte, Zeichenkohle . . . Für alle benötigt man eine besondere Arbeitsweise, um ihre Ausdrucksmöglichkeiten voll auszuschöpfen. Man muß sich daher über die Härte des Materials, die Intensität des Strichs, die Gradation des Papiers und alle Variablen, die den Charakter ausmachen, im klaren sein. Was für das eine Material gut ist, muß sich noch lange nicht für das andere eignen. Probieren Sie alles Zeichenmaterial während der Durcharbeitung meiner Erklärungen selbst aus.

DIE PAPIERSTRUKTUR IST ENTSCHEIDEND

Die Striche und Flecken der Abbildungen auf dieser Seite wurden auf Cansonpapier in Siena mit klar erkennbarem Korn angelegt. Die Struktur des Papiers ist ein zusätzliches Element der Zeichnung, das sie bereichert und ihr Qualität verleiht. Manchmal fertigen wir eine herrliche Zeichnung auf ungeeignetem Papier an: Ihr wird immer etwas fehlen. Die Papierstruktur muß stets erkennbar sein.

STRICHE UND FARBFLECKEN

Mit einem weichen Bleistift, zum Beispiel 6B, kann man ganz unterschiedliche Striche ziehen, je nachdem, ob man die Mine senkrecht mit der Spitze oder flach mit der Seite über das Papier führt. Im ersten Fall erhalten wir einen feinen gleichmäßigen Strich, wie er für lineare Zeichnungen typisch ist. Flach aufgelegt, entsteht ein grobkörniger Verlauf, mit dem man große Flächen abschatten kann. Mit einem Graphitstab fällt der Strich noch breiter aus, wobei man mit der Kante auch feine Striche ziehen kann.

Zeichenkohle, Kreiden und Rötelstifte könnten in ihrer gesamten Länge flach über das Papier geführt werden. Auf diese Weise erhalten wir echte Farbflecken.

DIE ARBEIT MIT ZEICHENKOHLE

Wie wir soeben festgestellt haben, kann man das Zeichenmaterial auf unterschiedliche Weise einsetzen. Dies gilt insbesondere für die Kohle, die von Natur aus ein vielseitiges rasches Medium ist. Zum Zeichnen schrägen wir die Spitze ab. Dadurch können wir feine Linien mit der Kante ziehen und dicke Striche mit der flachen Schrägseite erreichen. Zum Abdecken großer Flächen mit Grautönen legen wir das ganze Stäbchen flach auf das Papier.

Ein weiterer wichtiger Faktor ist die Art und Weise, wie wir die Zeichenkohle halten. Sowohl beim Stricheziehen als auch beim Anlegen von Farbflächen muß der Daumen oben liegen. Anders ausgedrückt, wir halten die Zeichenkohle innen in der Hand. Dadurch läßt sich der Strich besser beherrschen, und wir haben größere Sicherheit beim Zeichnen.

DIE HÄRTE DER BLEISTIFTE

Rechts unten auf dieser Seite sehen Sie die Unterschiede zwischen den Bleistiftstrichen der einzelnen Gradationen. Von rechts nach links: HB, B, 2B, 3B, 5B, 6B und 7B, also mit abnehmendem Härtegrad. Mit den Stiften HB, B und 2H können wir eine begrenzte Anzahl von hellen Grautönen erzeugen, wenn wir die Striche in unterschiedlicher Richtung überlagern. Bei den weichen Stiften wie dem 3B oder dem 5B ist die Skala der Grautöne erheblich größer. Durch zusätzlichen Druck der Mine auf das Papier läßt sich der Ton noch verstärken. Mit den sehr weichen Stiften wie dem 6B oder 7B entstehen sehr dunkle Töne, wenn wir die Mine genügend auf das Papier aufdrücken.

MISSBRAUCH DES RADIERGUMMIS

Übermäßiges Radieren und Verbessern „quält" nicht nur die Zeichnung, es beschädigt auch die Papierfaser. Radieren wir eine fehlerhafte Stelle zu lange, rauhen wir das Papier am Ende auf und erzeugen eine Art Fleck. Radieren Sie daher so wenig wie möglich. Sind umfangreiche Verbesserungen erforderlich, sollte man die Zeichnung lieber auf einem neuen Blatt von vorn beginnen.

ÖFFNEN VON WEISS MIT DEM RADIERGUMMI

Der Radiergummi ist ein außerordentlich nützliches Zeichengerät, nicht nur zum Beseitigen von Fehlern. Beim Schattieren einer Zeichnung ergeben sich die hellsten Stellen aus der Farbe des Papiers. Je weniger wir das Papier mit Farbflecken oder Strichen abdecken, desto heller bleibt die entsprechende Stelle. Es besteht jedoch die Möglichkeit, diese hellen Flächen durch Radieren auf der bereits gezeichneten Stelle noch nachträglich zu „öffnen". Dabei arbeitet man entweder mit der Kante des Radiergummis, oder – falls das Weiß äußerst präzise ausfallen muß – man schneidet einen kleinen Gummikegel daraus zu. Verwendet man einen knetbaren Radiergummi, läßt sich leicht eine Spitze bilden, mit der man das Detail darstellen kann. Radiergummihalter erleichtern das „zeichnerische Radieren", weil sie genau zu diesem Zweck entwickelt wurden. Die besten Ergebnisse beim Radieren erhält man bei Kohle-, Kreide- und Rötelzeichnungen.

RADIEREN MIT EINEM SAUBEREN LAPPEN

Bei der Arbeit mit Zeichenkohle benötigt man stets einen sauberen Lappen. Damit lassen sich die Striche zwar nicht restlos entfernen. Sie werden jedoch sehr schwach, ohne das Papier zu beschädigen. Darüber hinaus kann man mit dem Lappen leicht Verschmelzungen größeren Formats herstellen. Wichtig ist, daß man äußerst sauber arbeitet. Das entfernte Kohlepulver würde sonst die nächste Stelle verschmutzen.

DIE WISCHER

Wischer bestehen aus zylinderförmig gerolltem, saugfähigem Papier mit zwei kegelförmigen Spitzen, mit denen man die Zeichenstriche verwischt. Sie sind in unterschiedlicher Stärke erhältlich. Die beiden Spitzen sollten jeweils unterschiedlichen Farben vorbehalten bleiben. Mit den Wischern kann man auch zeichnen. Sind sie stark mit Farbe gesättigt, hinterlassen sie Spuren auf dem Papier. Von dieser Ausnahme abgesehen, müssen die Wischer absolut sauber sein. Dafür reiben wir sie auf einem Extrablatt oder auf einem Schaber bzw. Sandpapier, falls wir eine komplette Reinigung benötigen. Zum Abschluß sei daran erinnert, daß die Wischer nicht für die gesamte Zeichnung verwendet werden dürfen, sondern nur für gewisse Stellen, die besondere Behutsamkeit erfordern, und zum perfekten Verschmelzen zweier Töne.

VERWISCHEN MIT DEN FINGERN

Alle Künstler verwischen die Zeichenkohle mit den Fingern. Das liegt an der Natur der Kohle, bei der durch einfachen Druck des Stäbchens auf das Papier kaum Tonwertvariationen des Strichs oder Farbflecks zu erzielen sind. Um weiche Töne zu erhalten, muß man die Kohle verwischen. Durch Verwischen mit den Fingern kann man ein Volumen auf einfache Weise rasch darstellen. Man braucht nur das Innere der Form zu verwischen und das Weiß mit dem Radiergummi wieder hervorzuholen, wie die Bildfolge links zeigt.

Starkes Aufdrücken ist beim Verwischen der Zeichenkohle nicht erforderlich. Im Gegenteil, zuviel Druck ist schädlich, da die Wärme, die durch das Reiben entsteht, und das Hautfett zu Flecken führen können, wie die nebenstehende Abbildung zeigt. Diese sind äußerst schwierig zu entfernen, ohne den Gesamteindruck der Zeichnung zu verderben.

KOHLEPULVER

Die Verwendung von Kohlepulver beschränkt sich gewöhnlich auf großformatige Zeichnungen, bei denen weite Flächen schattiert oder verwischt werden müssen. Der Vorteil besteht darin, daß die verwischten Stellen absolut gleichförmig sind und keinerlei Tonwertvariationen oder Strichspuren aufweisen. Kohlepulver kann mit Kreiden oder komprimierter Kohle kombiniert werden. Zur Verarbeitung verwendet man einen Lappen, dicke Wischer oder die Finger. Für kleine Zeichnungen eignet sich pulverisierte Zeichenkohle nicht, da Details nur schwer damit anzulegen sind.

MISCHUNGEN UND ÜBERLAGERUNGEN

Mischtechniken gehören zu den interessantesten und attraktivsten Aspekten der künstlerischen Zeichnung. Man versteht darunter die Kombination von zwei oder mehr Medien in ein und demselben Werk, und zwar auf weißem oder auf farbigem Papier. Bei diesen Medien kann es sich um Zeichenkohle, komprimierte Kohle, Kreiden, Rötel und Bleistift handeln (wobei sich der Graphit aufgrund seines Fettanteils nicht mit den übrigen Medien mischen läßt). Die Abbildungen oben auf dieser Seite zeigen die Kombination von Kohle und Rötel, die Aufhellung von Rötel mit Hilfe weißer Kreide sowie die Überlagerung von Kohle auf dunkelblauem Papier durch weiße Kreide.

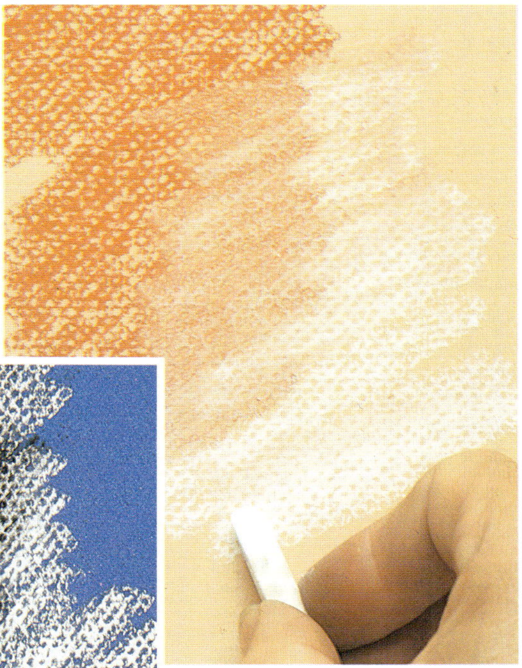

KOMBINATIONEN MIT BLEISTIFT

Es sei gleich darauf hingewiesen, daß der Bleistift sich nicht leicht mit anderen Medien verbinden läßt. Sein Glanz und sein Fettanteil stehen den Eigenarten der Kohle, der Kreiden und der Rötelstäbchen entgegen. Möglich ist jedoch ein Wechsel mit äußerst weichen Verschmelzungen von Zeichenkohle. Je härter der Stift ist, desto weniger hat er der Eigenart der Kohle entgegenzusetzen.

FIXIEREN DER ZEICHNUNG

Aufgrund der Instabilität der Kohle und des Kohlestiftes muß die fertige Zeichnung fixiert werden. Das Fixativ besteht aus einer pulverisierten Flüssigkeit, die zu einem Film auftrocknet und die Zeichnung bedeckt und schützt. Es ist in Flaschen und als Spray erhältlich. Das flüssige Fixativ wird mit einem manuellen Zerstäuber aufgetragen. Man führt ihn aus etwa 20 cm Abstand von einer Seite zur anderen und von oben nach unten über das Papier. Besser ist es, mehrere dünne Schichten aufzutragen, als eine einzige dicke Schicht aufzusprühen.

EINE LANDSCHAFT MIT BLEISTIFTMINE

Für diese erste Übung benötigen wir eine Bleistiftmine in einem Minenhalter und Papier. Geben wir uns ein wenig Mühe und versuchen, die Landschaft in Schwarz und Weiß zu „sehen", erkennen wir die ganze Vielfalt ihrer Tonwerte, also die unterschiedlichen Stärken von Licht und Schatten. Um diese Tonwertunterschiede geht es bei der Bleistiftzeichnung, abgesehen natürlich von dem korrekten Aufbau der Volumen der Komposition. Bei einem Thema wie diesem läßt sich alles lösen, indem man die Maße und Abstände richtig bestimmt und die Grautöne und Abstufungen entsprechend anlegt.

DAS MATERIAL

- Bleistift 3B, Bleistiftmine 6B im Minenhalter.
- Weißes Zeichenpapier mit mittlerem Korn, 35 x 50 cm.
- Weicher Plastikradierer.
- Zeichenbrett.
- Reißzwecken.

1

1 Mit dem Bleistift 3B unterteilen wir das Papier symmetrisch mit einem Kreuz, um die Komposition daran zu orientieren und die Elemente gut zentrieren zu können. Die Diagonale des Daches bildet die Grundlinie der Komposition. Wir legen sie durch den Mittelpunkt, der sich aus den beiden vorigen Geraden ergibt.

2

2 Mit der Mine 6B im Minenhalter schatten wir einige Stellen der Seitenwand ab, so die Dachvorsprünge und die Fenster als dunkelste Stellen der Komposition.

3

3 Die Bleistiftzeichnung beginnt mit den Schatten und hebt die beleuchteten Stellen nach und nach hervor. Hier haben wir bereits einige dunkle Stellen angelegt, nach denen sich die folgenden Tonwerte richten. Mit senkrechten Strichen haben wir die Bäume dargestellt.

Der Himmel ist als einfache Graufläche aus diagonalen Strichen dargestellt. Wichtig ist die Einhaltung der Richtung, da sich die Striche weder kreuzen noch überlagern dürfen.

Der Tonwert der Berge im Hintergrund der Zeichnung ist dunkler als der Wert des Himmels, aber erheblich heller als im Vordergrund. Die Striche verlaufen diagonal und sind nur kurz.

Die gesamte Seitenwand haben wir mit einem gleichförmigen Grauton überzogen und dabei recht kräftig mit der Mine aufgedrückt. Die Fläche ist vollständig abgedeckt.

Dies ist das tiefste „Schwarz“ der Zeichnung, der dunkelste Tonwert. Er bildet einen unverzichtbaren Kontrast, durch den die beleuchtete Fassade erst ihr Relief erhält.

4 Jetzt legen wir die Grautöne für die Schatten der beleuchteten Fassade an. Es handelt sich um Schatten unter dem Dachvorsprung sowie unterhalb der kleinen Dächer auf den Vorbauten des Hauses. Beim Zeichnen liegt der Stiel des Minenhalters innen, so daß wir senkrechte parallele Linien ziehen können.

DIE STRICHRICHTUNG

Der Strich ist die Schönschrift der Zeichnung. Mit Hilfe unterschiedlicher Strichrichtungen können wir Flächen gleicher Tonwerte einander gegenüberstellen. Schraffieren wir beispielsweise eine Stelle diagonal und eine weitere daneben waagerecht, erhalten wir zwei unterschiedliche Flächen, obwohl beide dieselbe Farbstärke aufweisen.

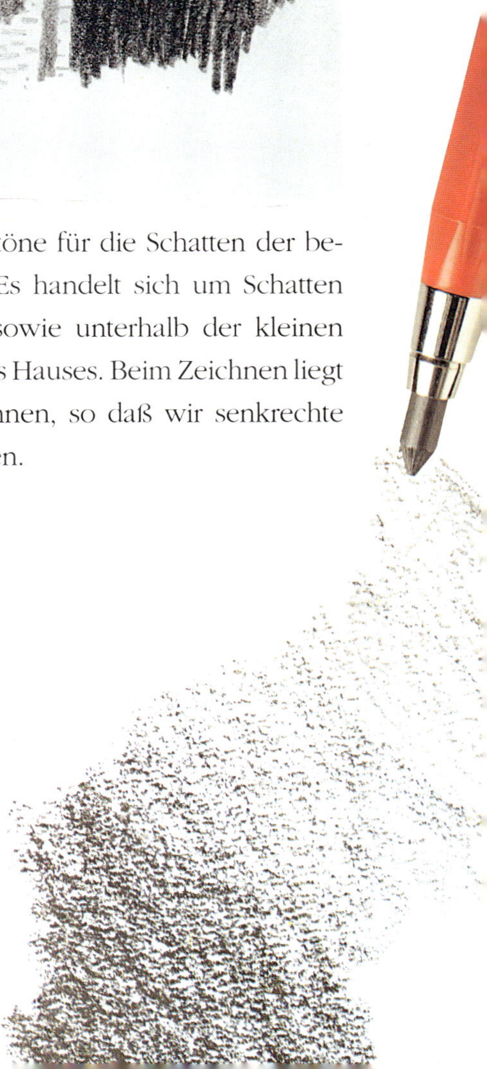

5 Während die Zeichnung fortschreitet, erkennen wir, wie sich die unterschiedlichen Tonwerte der Schatten aus mehr oder weniger dichten Strichen ergeben: Je enger das Strichnetz ist, desto tiefer werden die Schatten. Hier haben wir die mittleren Töne angelegt. Die hellsten und die dunkelsten Werte fehlen noch.

6 Beim Schattieren der Berge halten wir den Bleistift innen und führen ihn diagonal. Diese Richtung wird durch die Neigung des Abhangs vorgegeben, auf dem die Häuser stehen.

7 Die Wolken stellen wir durch Aussparen von Weiß dar: Wir schattieren den Himmel äußerst zart und lassen die Stellen für die Wolken frei. Hier muß sich die Strichrichtung klar von der der Berge unterscheiden, da es sich um zwei verschiedene Ebenen handelt, die sich deutlich gegenseitig absetzen.

8 Die Zeichnung weist bereits überall Grautöne und Schraffuren auf. Darüber hinaus haben wir den Raum unterhalb der beleuchteten Fassade abgeschattet. Dieses Detail ist von großer Bedeutung, daß es sich um den dunkelsten Tonwert der gesamten Zeichnung handelt.

9

9 Wir schließen einige Details ab und heben den Kontrast zwischen der dunklen Fassade und der hellen Baumkrone gut hervor. Wie Sie sehen, haben wir ein Blatt Papier unter die Hand gelegt, damit die Zeichnung nicht verschmutzt wird. In diesem fortgeschrittenen Stadium ist solch ein Schutzblatt unbedingt erforderlich.

SAUBERKEIT IST WICHTIG

Zeichnen mit Papier und Bleistift erfordert große Sauberkeit und Sorgfalt. Das Papier verschmutzt sehr leicht, und der fette Graphit des Bleistifts dringt beim Reiben in das Korn ein. Vor Beginn der Arbeit müssen daher das Material, der Arbeitstisch und unsere Hände absolut sauber sein. Während des Zeichnens halten wir immer einen sauberen Lappen sowie ein Schutzblatt bereit, auf das wir unsere Hand stützen können.

10 Hier das fertige Ergebnis unserer Arbeit. Daraus geht die Bedeutung der Strichrichtung und der Tonwerte, den beiden Hauptbestandteilen jeder Bleistiftzeichnung, klar hervor. Mit Hilfe der Tonwertkontraste haben wir die Volumen dargestellt und ein Gefühl von Räumlichkeit erzeugt.

10

EIN STILLEBEN MIT ZEICHENKOHLE

Für die zweite Übung habe ich ein Stilleben aus leeren Flaschen, einem Trinkglas und einem Handtuch auf meinem Tisch im Atelier aufgebaut. Sie sehen es auf der Fotografie. Diesmal werden wir mit Kohle zeichnen, einem „kühneren" Medium als dem Bleistift. Mit ihm erzielt man wesentlich dunklere Schatten und kann außerordentlich schnell arbeiten. Das werden Sie gleich selber feststellen. Nehmen Sie also Ihre Kohlestäbchen, und machen Sie sich furchtlos an die Arbeit.

DAS MATERIAL

- Weißes Zeichenpapier mit mittlerem Korn, 35 x 50 cm.
- Kohlestäbchen, mittel oder fein.
- Plastikradierer.
- Sauberer Lappen.
- Zeichenbrett und Reißzwecken zum Befestigen des Papiers.
- Rasierklinge oder Cutter.

Der Hintergrund besteht aus gleichförmigem Grau, das aus verwischten Strichen gleicher Stärke entstand. Wichtig ist, daß eine einzige Strichstärke beibehalten wird. Anderenfalls entsteht eine Art Relief, also das Gegenteil von einer glatten Wand.

Der Hals der Korbflasche weist die dunkelsten Striche und Schatten der Zeichnung auf. Aufgrund dieser maximalen Stärke scheint sich der Hals in den Vordergrund zu schieben.

1 Hier das Grundschema. Ich baue es mit Hilfe eines kompositorischen Kreuzes auf, so daß ich die Formen proportional korrekt anlegen kann. Dazu brauche ich nur zu überlegen, was in das Viereck oben rechts, unten links etc. gehört. Dies ist ein sehr einfaches, äußerst sinnvolles Verfahren.

Die Grautöne für die Schatten des Glases müssen sehr weich ausfallen und sorgfältig verwischt werden. Am Rand sehen sie etwas dunkler aus. Würden wir sie gleichförmig verwischen, entstünde der Eindruck eines undurchsichtigen Körpers.

1

SCHATTIEREN MIT ZEICHENKOHLE

Die Zeichenkohle bietet zahlreiche künstlerische Möglichkeiten des Verwischens sowie der Anlage von Grautönen und Schatten. Die Kontraste sind erheblich intensiver als mit Bleistift, und auf die Strichrichtung kommt es nicht an. Aufgrund der vielseitigen Verwendungsmöglichkeiten der Kohle steht uns eine Breite Grauskala zum Schattieren zur Verfügung, die vom Weiß des Papiers bis zum Schwarz der Kohle reicht.

2 Das Grundschema ist fertig. Eigentlich handelt es sich bereits um eine lineare Zeichnung: Alle Umrisse sind angelegt. Es fehlt nur noch die allgemeine Bestimmung der Tonwerte und das Schattieren.

2

Bevor wir den Körper der Korbflasche schattieren, betrachten wir ihn aufmerksam. Durch Verwischen in unterschiedlicher Stärke erreichen wir die kugelförmige Wirkung.

Bei dem Handtuch im Hintergrund ergeben sich die Kontraste, indem wir das Weiß des Papiers für den Faltenbruch aussparen und das Innere stärker abdunkeln.

Die Transparenz der Flaschen wird durch die Farbe des Glases vermittelt. Ferner muß die Wirkung der Spitzlichter berücksichtigt werden, die wir mit dem Radiergummi hervorholen.

3 Hier schattiere ich bereits den Körper der Korbflasche und denke dabei an eine Kugel, denn diese Form muß am Ende dabei herauskommen. Mit den Fingern verwische ich die hellsten Stellen, um die Rundung auszudrücken. Der Hals und die Öffnung der Korbflasche müssen erheblich dunkler ausfallen als der Rest des Gefäßes, damit dieses sich in den Vordergrund der Komposition schiebt.

4 Diese Striche werden wir später verwischen. Je nach der Strichstärke wird der Schatten nach dem Verwischen heller oder dunkler sein. Deshalb muß sie von Anfang an korrekt berechnet werden.

3

4

5 Hier sehen Sie die Schraffuren für die Schatten der Komposition. Im Gegensatz zur Bleistiftzeichnung kommt der Richtung bei der Kohle keine große Bedeutung zu, da die Striche beim Verwischen verschwinden.

6 Wir haben mit dem Verwischen der Striche begonnen und stellen fest, daß alle schraffierten Stellen dadurch dunkler werden. Gleichzeitig beginnen die Formen, Volumen anzunehmen, und in einem dreidimensionalen Raum zu stehen.

8 Das Abschatten und Verwischen der Flaschen ist optimal gelungen. Keinesfalls dürfen wir noch weitermachen. Bei beiden Flaschen kommen die Transparenz sowie das zylindrische Volumen gut zum Ausdruck.

7 Wir verwischen weiter. Der Boden der Flaschen muß dunkler sein als der übrige Körper. Zum Abschatten können wir weitere Kohlestriche ziehen und die bereits schattierte Fläche erneut verwischen. Dabei sollten wir die Finger nach jedem Arbeitsgang vorsichtshalber säubern.

9 Nun müssen wir einiges Weiß mit dem Radiergummi wieder hervorholen. Hier erledige ich es gerade auf der am stärksten beleuchteten Falte des Handtuchs im Hintergrund. Bedenken Sie, daß der Radiergummi absolut sauber sein muß, bevor sie ihn über das Papier führen.

10 Um so feines Weiß wie dieses auf dem Oberrand des Glases hervorzuholen, schneiden wir mit einem Messer oder Cutter einen kleinen Kegel aus dem Radierer. Die geringe Größe verhindert, daß wir bei besonders heiklen Details über die gewünschte Stelle hinausgeraten.

10

11 In der fertigen Kohlezeichnung herrscht ein gutes Gleichgewicht zwischen den hellen und den dunklen Stellen sowie den am stärksten verwischten und den nur leicht schraffierten Flächen. Dieses Gleichgewicht ist wichtig, weil es für Volumen und Räumlichkeit sorgt.

11

EIN STILLEBEN MIT BLEISTIFT UND WISCHERN

Wir benutzen erneut die Bleistiftmine, die wir bereits bei unserer ersten Übung verwendet haben. Sie gehört zum Standardmaterial für die künstlerische Zeichnung. In diesem Fall verwischen wir sie mit Wischern, Watte und den Fingern und erfahren, welche Wirkung dadurch entsteht. Das Motiv unseres Stillebens ist zwar alltäglich, weicht unter künstlerischen Aspekten jedoch vom Üblichen ab: Es handelt sich um ein Paar Sportschuhe und einen gelben Tennisball. Ich habe diese Elemente wegen ihres Helldunkelkontrastes gewählt und um die Hand mit Hilfe etwas komplexerer Formen zu schulen.

DAS MATERIAL

- Zeichenpapier mit feinem Korn, 35 x 50 cm.
- Bleistiftmine 4B in einem Minenhalter aus Metall.
- Plastikradierer.
- Wischer.
- Rohbaumwolle.
- Zeichenbrett und Reißzwecken.

Hier sehen Sie eine der wenigen mit dem Radiergummi hervorgeholten weißen Stellen. In Wirklichkeit sind die Stellen nicht weiß, sondern grau. Bedenken Sie, daß der Radiergummi bei einer Bleistiftzeichnung so wenig wie möglich eingesetzt werden sollte. Graphit enthält Fett und wird vom Gummi leicht verschmiert. Um reines Weiß zu erreichen, muß man stark reiben und riskiert, das Papier zu beschädigen.

Der Tennisball wird mit kreisförmigen Bewegungen der Finger um die Mitte verwischt. Folglich ist die Schattierung außen am stärksten. Das Verwischen mit dem Finger muß äußerst vorsichtig erfolgen. Man darf nicht zu stark aufdrücken, sonst verschmutzt das Papier.

Diese drei Streifen sind der hellste Akzent der Komposition (weil sie von dunklerem Grau umgeben sind). Das Weiß der Streifen entspricht dem Weiß des Papiers, das ohne Benutzung des Radiergummis ausgespart wurde.

1 Nachdem wir das Papier wie bei allen Übungen mit einem zentralen Kreuz unterteilt haben, zeichnen wir das Motiv und versuchen, einfache geometrische Formen zu finden, die die Elemente umrahmen. Für die Sportschuhe benötigen wir ein Trapez. Dabei lassen wir die Rundungen unberücksichtigt und legen nur die Hauptgeraden an, die die Form begrenzen. Der Tennisball besteht natürlich aus einer kleinen Kugel.

2 Stimmt die Umzeichnung, können wir bereits einige Details der Schuhe hinzufügen: Nähte, Verstärkungen, Schnürsenkel, Ösen etc. Dabei konkretisieren wir zugleich die durch das Schema vorgegebenen Begrenzungen.

Das Weiß des Schuhfutters modelliert das Volumen und die Falten. Die Grautöne wurden direkt mit Strichen erzeugt.

Diese Schuhspitze ist gut geeignet für das Schattieren der gesamten Zeichnung. Die Tonwerte wurden mit dem Wischer verschmolzen und die hellsten Stellen mit dem Radiergummi hervorgeholt.

Die Schatten auf dem Boden oder dem Tisch sind nur zart angedeutet, da sie keine große Bedeutung besitzen. Sie geben jedoch die Neigung der Schuhe im Verhältnis zur Unterlage an.

4 Hier schattierte ich bereits die gesamte Fläche der Schuhe mit diagonalen Strichen und spare alles Weiß aus. Die Striche müssen unten dunkler sein und nach oben heller werden.

3 Nachdem die Eingangsumrahmung der Formen korrekt ist, verstärken wir die Umrisse der Elemente mit einem kräftigeren Strich und verwandeln die geometrischen Formen in die konkreten des Modells.

VERWISCHEN MIT DEN FINGERN

Wie Ihnen bekannt, ist Graphit fetthaltig und glänzt. Verwischen wir eine mit Bleistift angelegte Graufläche, verstärken wir ihren Ton und erhöhen ihren Glanz. Drücken wir zu stark auf, entsteht eine zu satinierte, nicht sehr attraktive Fläche. Wir müssen also darauf achten, daß der Druck genau richtig ist.

5 Nach der allgemeinen Anlage der Grautöne verwischen wir den Tennisball mit den Fingern und achten darauf, daß er in der Mitte und oben sehr hell bleibt. Wir erkennen, daß die Strichrichtung hier unwichtig ist, da sie beim Verwischen verschwindet.

5

6

6 Hier verwische ich den Schuh mit dem Wischer. Beachten Sie das Schutzblatt, das ich unter die Hand gelegt habe. Es ist unverzichtbar, wenn die Zeichnung nicht verschmutzen soll. Übertreiben Sie nichts, denn ebenso wie mit den Fingern kann man auch mit dem Wischer störende Spitzlichter erzeugen.

7 Das aktuelle Stadium der Zeichnung. Vergleichen wir die Schattierung der beiden Schuhe, stellen wir fest, daß die Schraffur bei dem oberen Schuh nach dem Verwischen verschwunden ist. Es entstand eine gleichförmige Fläche, die ihr eigenes Volumen besitzt. Dieses Ergebnis müssen wir auch bei dem zweiten Schuh erreichen.

7

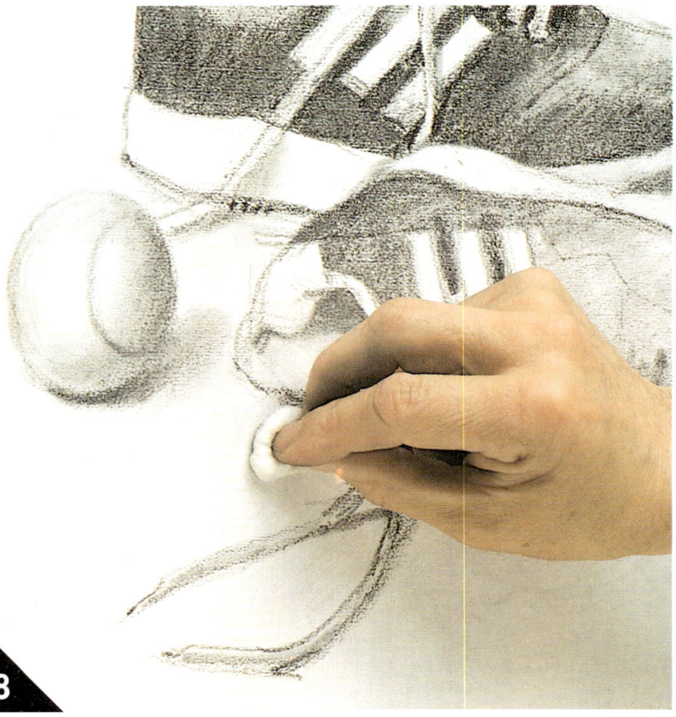

8

8 Für die weichsten Verschmelzungen verwenden wir einen Bausch Rohbaumwolle. Die Stellen entsprechen den zartesten Wurfschatten auf dem Tisch. Wie bei den übrigen Verwischungen dürfen wir auch hier nicht zu stark reiben.

9 Nachdem das Verwischen abgeschlossen ist, nehmen wir erneut den Minenhalter und überarbeiten die linearen Elemente der Zeichnung, also die Nähte, die Ösen und die Schnürsenkel. Diese Striche sind im Schatten natürlich dunkler als an den beleuchteten Stellen. Die eigentlichen Umrisse dürfen wir nicht verstärken, da die Formen sonst zu steif würden.

10 Die Abschlußarbeiten bestehen nur im Öffnen unverzichtbarer weißer Stellen, da man beim Zeichnen mit der Bleistiftmine bekanntlich so wenig wie möglich zum Radiergummi greifen sollte. Mit einem kleinen Gummikegel können wir jedoch die Schnürsenkel säubern, so daß sie sich besser abheben.

11 Die Zeichnung ist fertig. Mit Hilfe der Grautöne und der Wischer haben wir ein realistisches Volumen für die Schuhe und den Tennisball erreicht, ohne daß die Elemente mit unnötigen Details überfrachtet wurden.

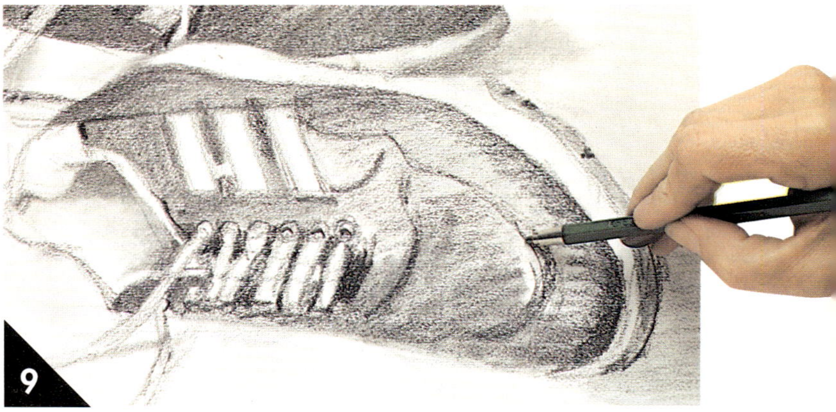
9

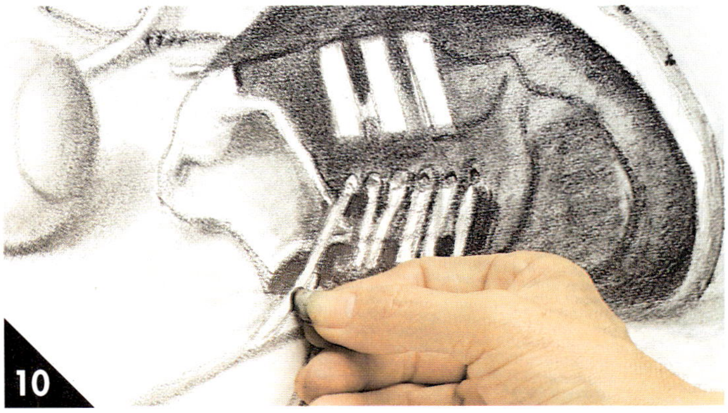
10

11

EIN STILLEBEN MIT KREIDE IN WEISS UND SEPIA

Thema dieser Übung ist ein sehr traditionelles Stilleben aus Orangen, einem Apfel, einer Zwiebel, einer Banane, einer Fruchtschale und einem Becher. Wir werden sie mit Kreide in Weiß und Sepia durchführen. Sepiakreide ist neben Rötel und Kohle eines der am meisten verwendeten Medien für die künstlerische Zeichnung. Ihr Ton entspricht dunklem Siena, der in der Mischung mit Weiß eine reiche Grauskala ergibt. Bei dieser Übung zeichnen wir auf weißem Papier. Wir könnten jedoch ebensogut einen hellen Siena- oder Grauton wählen.

DAS MATERIAL

- Zeichenpapier mit mittlerem Korn, 35 x 50 cm.
- Bleistiftmine 4B im Minenhalter aus Metall.
- Kreiden in Weiß und Sepia.
- Plastikradierer.
- Wischer.
- Zeichenbrett und Reißzwecken.

Den Hintergrund habe ich weiß gelassen, um die dunklen Schatten des Stillebens hervorzuheben. Dadurch verwandelt sich das Motiv in einen geschlossenen Block, der auf dem Papier zentriert wird und keine weiteren Kontraste benötigt als jene, die von den Elementen selber erzeugt werden.

1

1 Diese Vorzeichnung wurde mit Bleistift angefertigt. Wir haben sie wiederum mit einem Kreuz begonnen, um die Komposition zu zentrieren. Alle Elemente sind auf ihre Grundformen reduziert: Kreise, Ovale und Zylinder. Der Strich muß sehr zart sein, damit er die Arbeit mit der Kreide nicht erschwert.

Diese Frucht wurde nur ganz zart verwischt. Die kleinen Spitzlichter betonen die weiche Oberfläche. Arbeiten wir mit Weiß und Schwarz (in unserem Fall mit Weiß und Sepia), müssen wir die Farbe mit Hilfe dunkler Tonwerte und der Struktur wiedergeben.

2

2 Mit der Kreide in Sepia umreißen wir die zuvor mit Bleistift angelegten Konturen. Haben wir bei der Vorzeichnung zu stark aufgedrückt, bekommen wir jetzt Probleme, weil die Kreide auf dem Graphit nicht gut gleitet. Sollte dies der Fall sein, radieren wir die Bleistiftstriche am besten soweit aus, bis sie unsere Arbeit nicht mehr behindern. Jetzt brauchen wir die Umrisse nur noch zu konkretisieren und einige Schatten anzulegen.

Die Darstellung der Fruchtschale erfolgt im wesentlichen durch Verwischen mit den Fingern. Wichtig ist, daß wir beim Verwischen immer der Form der Elemente folgen. Für die Rundung der Schale benötigen wir also halbrunde Fingerbewegungen, sonst wird das Schattieren nicht korrekt.

3 Ich radiere die Bleistiftstriche, die außerhalb der Umrisse liegen, ebenso das Kreuz im Zentrum der Komposition. Nicht alle Striche müssen entfernt werden, sondern nur die sichtbarsten oder jene, die unsere folgende Arbeit beeinträchtigen könnten.

DAS PAPIERKORN

Für die Arbeit mit Kreiden oder Rötelstäbchen muß das Papierkorn gröber sein als bei Bleistiftzeichnungen. Das erklärt sich aus der Natur des Materials, das trocken und körnig ist. Daher benötigt es einen rauhen Malgrund, auf dem es haften kann. Papier mit mittlerem Korn ist für diese Technik besonders geeignet, auch wenn manche Künstler ein gröberes Korn wegen seines größeren strukturellen Reichtums vorziehen.

Wie wichtig die Ausarbeitung der Struktur ist, wird auch hier deutlich. Die Zwiebelschale weist einige Besonderheiten auf, die sie ebenso oder noch stärker kennzeichnen als ihre Form. Betonen wir diese Eigenheiten (die feine Schraffur, die Spitzlichter etc.), erhalten wir zusätzliche Kontraste innerhalb der Komposition.

Dies ist das dunkelste Element der Zeichnung und gleichzeitig das mit der gleichförmigsten Schraffur. Es ist in zwei unterschiedliche Tonwerte unterteilt, die einen neuen Kontrast in das Werk einführen.

Die Wurfschatten der Elemente auf dem Tisch müssen äußerst zart bleiben, damit sie keine Verwirrung stiften. Andernfalls würden sie sich mit den Bestandteilen des Modells mischen und für unnötige zusätzliche Kontraste sorgen.

4 Ich habe die Umrisse überarbeitet und die wichtigsten Grautöne angelegt. Bei den hellen Früchten sind sie weich, bei den dunkleren kräftiger. Wie bei der Zeichenkohle ist die Strichrichtung unwichtig, da die Schraffur später beim Verwischen verschwindet.

5 Hier verwische ich alles Grau mit den Fingern und achte darauf, daß die Richtung der Form der einzelnen Elemente folgt (kreisförmig, länglich, oval etc.). Beim Verwischen braucht die Fläche nicht völlig gleichförmig zu werden. Die am stärksten beleuchteten Stellen bleiben weiß.

6 Das Stadium der Zeichnung nach dem allgemeinen Verwischen. Beachten Sie, wie mühelos die Tonwerte verstärkt wurden. Dies liegt an der Sättigung der Sepiakreide, die erheblich ergiebiger ist als Kohle oder Bleistift.

7 Für die zartesten Schattierungen, zum Beispiel auf der Zwiebel, die wegen der Details und der Struktur besondere Aufmerksamkeit verlangen, benutzen wir einen Wischer. Das Verwischen der Zwiebel sollte äußerst behutsam erfolgen. Die Übergänge müssen weich sein und dürfen keinesfalls Brüche von Hell nach Dunkel aufweisen.

DIE SAUBERKEIT DES WISCHERS

Gewöhnen Sie sich an, stets sauber zu arbeiten. Sauberkeit ist vor allem bei den Wischern wichtig, wenn man mit mehr als einer Farbe zeichnet. Auch bei einer Übung wie dieser sollte man die Spitze vor jedem Gebrauch mit Schmirgelpapier oder einem Schaber reinigen, um ein Abschatten der Flecken beim Verwischen zu vermeiden.

8 Mit einigen Tupfern aus weißer Kreide verstärken wir die Spitzlichter und sorgen für Grautöne, die beim vorigen Verwischen übersehen wurden. Durch ihre Mischungen mit dem Sepia bereichert die weiße Kreide die Skala der Grautöne. Man sollte sie jedoch nicht undifferenziert über die gesamten Zeichnung verteilen, weil dies dem Helldunkeleffekt schaden könnte.

9 Zum Abschluß radieren wir die Flecken, die im Laufe der Arbeit durch die Bewegungen unserer Hand entstanden sind. Während dieses Radierens umreißen wir gleichzeitig die Formen der Wurfschatten sowie die Begrenzungen einiger Elemente.

10 Unsere Zeichnung ist fertig. Wir haben einige Eigenheiten der Kreide sowie deren zahlreiche künstlerische Möglichkeiten kennengelernt. Ich hoffe, daß Sie mit dem Ergebnis Ihrer Arbeit zufrieden sind.

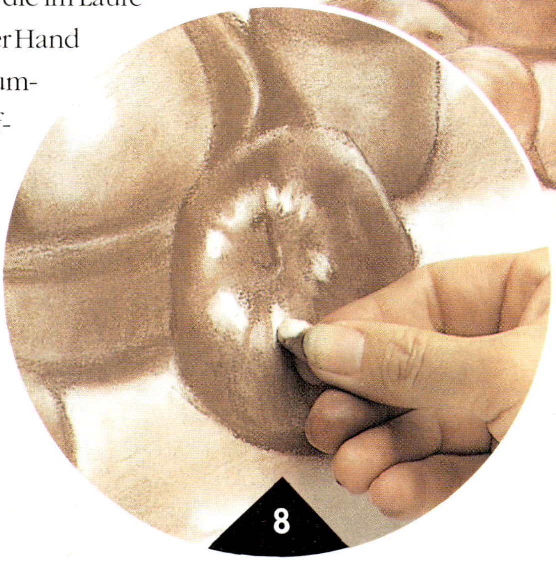

Ein Stilleben mit Zeichenkohle und weisser Kreide

Wir wollen erneut ein Stilleben mit Zeichenkohle und weißer Kreide anfertigen. Diesmal benutzen wir die Kreide jedoch nicht nur, um Spitzlichter und beleuchtete Stellen anzulegen, sondern verwenden sie als eigenständige malerische Farbe. Dies setzt voraus, daß wir auf farbigem Papier arbeiten, damit das Weiß zu erkennen ist. Die Elemente, aus denen sich das Modell zusammensetzt, weisen geometrische Formen auf, damit uns die Umrahmung der Komposition keine großen Schwierigkeiten bereitet.

DAS MATERIAL

- Cansonpapier mit mittlerem Korn „Mi-teintes" in Hellsiena.
- Zeichenkohlestäbchen.
- Weiße Kreide.
- Plastikradierer.
- Zeichenbrett und Reißzwecken.

1 Die erste Umrahmung erledigen wir äußerst behutsam mit Zeichenkohle. Ohne aufzudrücken, zeichnen wir das zentrale Kreuz, um das Papier symmetrisch aufzuteilen, und stellten die Elemente als reduzierte geometrische Formen dar.

2 Nachdem alle Elemente der Komposition korrekt plaziert sind und die Gegenstände die entsprechende schematisierte Form besitzen, überarbeiten wir die Umrisse mit dunkleren Strichen und verwenden dafür wiederum die Kohle.

3 Hier schattiere ich nicht nur, sondern legte den Hauptschatten der Karaffe mit Kohlestrichen an. Wie bereits gesagt, kann man mit der Kohle beliebig in jede Richtung zeichnen, da die Striche anschließend mit dem Finger oder einem Wischer verschmolzen werden.

Bei der Darstellung des Tellers wurden der Farbton des Papiers und dessen Kontrast mit dem Weiß des Hintergrunds genutzt. Dieser Kontrast trägt zu dem Gefühl einer Halbdurchsichtigkeit bei.

Der dunkle Ton der Karaffe darf nicht gleichförmig sein. Die Eigenschaften des Glases müssen durch sanfte Abstufungen beim Verwischen zum Ausdruck kommen.

Der Schatten der Karaffe besteht aus dem ausgesparten „Weiß“ des Papiers. Der Kontrast zwischen der Papierfarbe und dem Weiß des Hintergrunds reicht aus, um die gewünschte Wirkung zu erzeugen.

Die Unterlage der Komposition oder der Tisch, auf dem wir unsere Elemente zusammengestellt haben, erhält keine Farbe. Hier erkennen wir erneut, wie man den Ton des Papiers nutzen kann, um die erforderliche malerische Wirkung (der Farbe) für ein überzeugendes Endergebnis zu erreichen.

Bei der Tasse verbinden sich die beiden extremen Tonwerte der Zeichnung: Weiß und Schwarz. Der maximale Kontrast fördert das visuelle Interesse für das Element. Zu diesem Kontrast muß jedoch die Ausarbeitung kommen, die ausschließlich durch Abdecken des Papiers mit weißer Kreide erfolgt.

4 Das Schattieren der Karaffe ist bereits ziemlich fortgeschritten. Beachten Sie, daß die Striche beim Verwischen mit den Fingern beinahe verschwunden sind. Während des Verwischens ist das mittlere Spitzlicht stehengeblieben. An den Seiten wurde der Tonwert verstärkt, um ein Gefühl von Volumen zu erzeugen.

5

5 Wir verstärken die Seiten der Karaffe mit Kohle und verwischen diese mit den Fingern. Der dunkle Ton muß im richtigen Verhältnis zu den Werten der übrigen Elemente stehen. Dabei ist zu berücksichtigen, daß der Hintergrund weiß werden wird.

6

6 Wir schattieren den Hintergrund mit weißer Kreide und versuchen, eine homogene Farbfläche zu erreichen. Die Farbe des linken Tellers besteht aus der Eigenfarbe des Papiers, um die charakteristische Transparenz wiederzugeben.

7 Nachdem der gesamte Hintergrund mit weißer Kreide abgedeckt ist, holen wir die Fläche für den Schatten der Karaffe durch Radieren wieder hervor. Da das Papier etwas dunkler ist, kommt der Schatten perfekt zum Ausdruck. Entscheidend ist, daß wir den richtigen Papierton gewählt haben.

8 In diesem Stadium der Zeichnung erkennen wir die unterschiedlichen Wirkungen, die wir bisher erzielt haben: Transparenzen, Schraffuren und Schatten mit Hilfe von Verwischen sowie das Auftragen der weißen Kreide unter Aussparung der Farbe des Papiers

7

8

FARBIGES PAPIER

Farbiges Papier wird von allen Zeichnern gern verwendet. Es hat den großen Vorteil, eine weitere Farbe in die beschränkte Skala einzubringen, mit der der Künstler gewöhnlich arbeitet. Dazu braucht er nur einige Formen der Komposition auszusparen. Die angebotene Farbenskala ist sehr breit. Es empfiehlt sich jedoch, Ocker, Grau oder Siena zu wählen.

9 Hier konkretisiere und detailliere ich einige Einzelteile der Komposition, zum Beispiel den Tellerrand, für den ich einige Spitzlichter mit weißer Kreide anlege. Aus der Kombination von Spitzlichtern und Schraffuren sowie dem Kontrast mit dem weißen Hintergrund entsteht das erforderliche Gefühl von Transparenz.

10 Ich radiere unmittelbar am Rand der Karaffe und reinige deren Konturen. Dadurch werden die Formen exakter. Das Säubern ist wichtig, weil es die Elemente der Komposition endgültig definiert. Nach diesen letzten Retuschen beende ich die Zeichnung.

11 Sinn dieser Übung ist die Untersuchung einiger Möglichkeiten bei der Arbeit mit zwei Tonwerten auf farbigem Papier. Wechselt man die Farbe der Kreide und des Papiers, vervielfachen sich die denkbaren Effekte. Alle stützen sich nur auf die Eigenschaften des verwendeten Materials.

EIN STILLEBEN MIT KREIDE IN SEPIA UND BLAU

Für diese Übung wählen wir ein neues Farbkreidenpaar, und zwar Sepia und Blau mit weißen Spitzlichtern. Beide Farben werden von den Künstlern nicht so oft verwendet wie jene, mit denen wir bei den vorigen Übungen gearbeitet haben. Sie liefern jedoch äußerst interessante Ergebnissen. Auch die Elemente unseres Stillebens sind etwas ungewöhnlich: Es handelt sich um Reinigungsgeräte, die ebenso alltäglich sind wie eine Fruchtschale oder eine Flasche, aber aus dem normalen Repertoire herausfallen. Dennoch ist das Modell so gut wie jedes andere. Nur weicht es vom Gewohnten ab. Fangen wir an zu zeichnen?

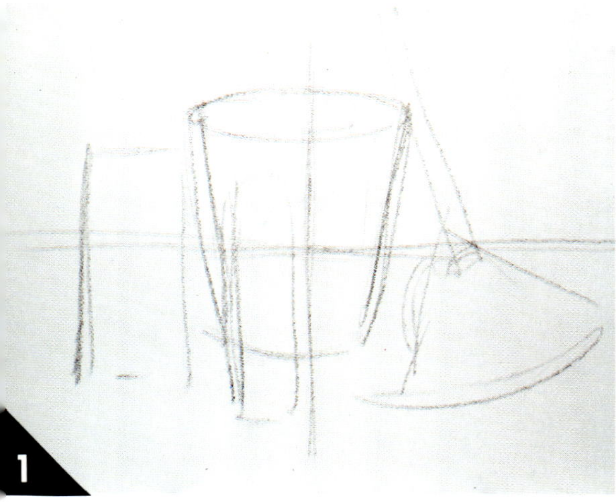

1

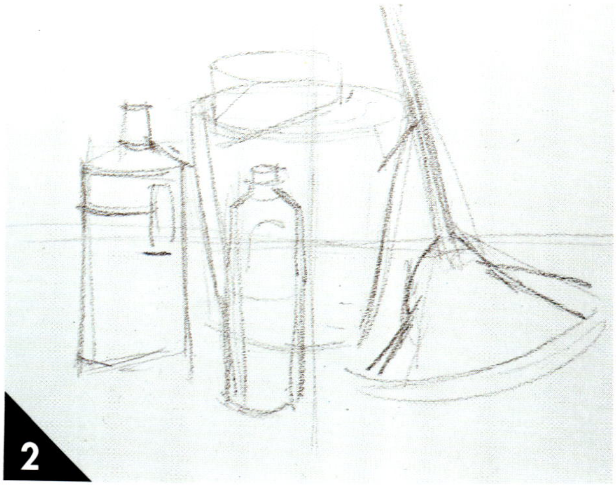

2

DAS MATERIAL

- Weißes Zeichenpapier mit mittlerem Korn, 35 x 50 cm.
- Kreiden in Sepia, Ultramarinblau und Weiß.
- Plastikradierer.
- Wischer.
- Zeichenbrett und Reißzwecken.

1 Ich beginne mit der Sepiakreide, lege sie mal flach, mal mit der Kante auf und zeichne zunächst das zentrale Kreuz der Komposition. Ausgehend von diesem Kreuz, zeichne ich den „Rahmen“ für jedes Element. Nur der Wischmop bereitet einige Schwierigkeiten. Wegen seiner ungleichmäßigen Form umreiße ich ihn mit einem Dreieck mit gebogener Unterseite.

3

2 Wir präzisieren die Umrahmung mit der flachen Seitenkante der Kreide: so den Verschluß und die Henkel der beiden Putzmittelflaschen, die zylindrische Form des Eimers mit dem Einsatz und die Umrisse des Wischmops.

3 Jetzt ziehen wir die tatsächlichen Umrisse der Elemente mit der Spitze der Kreide nach. Die Begrenzungen und die Kanten der Formen müssen gut herauskommen. Anschließend überprüfen wir die Proportionen und die Gesamtwirkung.

4 Wir arbeiten mit der Sepiakreide weiter und präzisieren alle Elemente. Die wichtigsten Schatten legen wir mit parallelen Strichen an. Bei diesen Schraffuren dürfen wir nicht übertreiben, weil das Abschatten der Zeichnung kontinuierlich erfolgen muß und zu Beginn keine übermäßigen Kontraste entstehen sollen. Der Wischmop wird jetzt in Ruhe detailliert und präzisiert.

4

Die Wurfschatten der Elemente besitzen bei dieser Komposition eine gewisse Bedeutung, weil sie die Räumlichkeit andeuten, also die gerade Fläche, auf der sich das Modell befindet, und die hintere Wand. Die Schatten entstehen aus zarten Schraffuren mit blauer Kreide.

Die Gefäße mit den flüssigen Reinigungsmitteln werden entsprechend ihrer zylindrischen Form ausgearbeitet. Dabei wird auch die Eigenfarbe berücksichtigt, wobei der Schatten auf der grünen Flasche dunkler ist als auf der gelben.

Der dunkle Ton des Eimers ist ziemlich gleichförmig, wird nach oben aber heller. Die Farbe besteht aus einer Mischung der beiden Kreiden. Die höchste Sättigung wird am Ausguß erreicht, der beinahe schwarz ist.

Beim Wischmop verbinden sich zwei Ausarbeitungsarten: die Darstellung des Gesamtvolumens und die jedes einzelnen Streifens (zumindest der Mehrzahl). Aus dieser zweifachen Ausarbeitung ergibt sich der Eindruck des Gesamtvolumens, das sich aus lauter Einzelvolumen zusammensetzt.

5 Dieses Ergebnis entstand durch die allmähliche Verstärkung aller Grautöne. Die Formen nehmen vor allem wegen ihrer Kontraste und ihres Volumen Gestalt an und weniger aufgrund ihrer Umrisse. Im Moment arbeiten wir ausschließlich mit der Sepiakreide und legen sie flach auf das Papier.

5

6 Nachdem wir die Schraffuren verstärkt haben, können wir mit dem Verwischen beginnen, bei dem die Schatten gleichzeitig dunkler werden. Beachten Sie, daß ich mit jenen Stellen begonnen habe, die die Formen besser zum Ausdruck bringen. Vor allem jene Fläche wurden zunächst verwischt, die als Helldunkelkontrast das Volumen stärker hervorheben.

6

7 Mit dem Radiergummi säubern wir den Boden im Vordergrund, der beim Verwischen verschmutzt worden ist. Sie erkennen, daß die Zeichnung durch die Verdeutlichung der Volumen und die Präzisierung der Tonwerte gut voranschreitet.

FARBMISCHUNGEN MIT KREIDEN

Farbkreiden werden ähnlich wie Pastellkreiden gemischt. Der Unterschied zwischen beiden besteht praktisch nur in der größeren Härte der Kreiden. Demnach kann man je nach Stärke der Schichten hellere oder dunklere Mischungen anfertigen. Allerdings darf man nicht vergessen, daß Kreiden deckend sind und eine Farbe die andere verbirgt.

7

8 Wir nehmen jetzt die blaue Kreide und bearbeiten den Eimer an jenen Stellen, die abgedunkelt werden müssen. Außerdem legen wir die Wurfschatten der Elemente an. In diesem Fall müssen die Grautöne jedoch äußerst weich und kontrastarm ausfallen.

8

9 Wir schatten den Eimer weiter ab. Dazu verwischen wir die blauen Kreidestriche, so daß sie mit dem Untergrund aus Sepia verschmelzen. Es entsteht eine dunklere Farbe, auf der sich das Volumen der vorderen Flasche deutlich abhebt. Dieser Kontrast gibt die charakteristischen Farben des Modells als Helldunkel wieder.

10 Wir erkennen die allgemeine Bereicherung der Zeichnung aufgrund der blauen Kreide – allein (in den Wurfschatten) oder in der Mischung mit Sepia für den Schatten auf dem Eimer.

11 Aufgrund der dunklen Tonwerte der Eigenschatten der Elemente können wir einige Spitzlichter mit weißer Kreide hinzufügen, die manche Umrisse stärker hervorheben. In diesem Fall geht es um den oberen Rand der Ausgußtülle, den wir mit einer durchgehenden Linie überarbeiten, die das Volumen der gesamten Form verdeutlicht.

9

10

11

12

12 Die Zeichnung ist praktisch fertig. Nur einige Details müssen noch hinzugefügt werden. Beachten Sie den Schatten des Spüleimers, in dem unterschiedliche Nuancen aus der Mischung von Sepia und Blau zu erkennen sind.

13 Ein wichtiges Detail innerhalb der Abschlußarbeiten, mit denen wir nun beginnen, ist die Betonung der Beleuchtung auf den Gefäßen. Diese erreichen wir, indem wir mit dem Radierer in der Mitte der Behälter entlangfahren und so die zylindrische Form unterstreichen.

13

14 Hier reinige ich den Radierer, nachdem ich die Spitzlichter auf den zylindrischen Behältern angelegt habe. Die Reinigung kann natürlich auf einem Extrablatt erfolgen. Es geht jedoch auch auf dem Bildrand, da sich die Kreidespuren anschließend mit demselben Gummi wieder beseitigen lassen.

14

15 Wir reinigen die Begrenzungen der Mopstreifen und verwenden dazu den Wischer. Mit ihm können wir jeden Streifen einzeln präzisieren, ohne das Gesamtbild zu verschmutzen oder mit weiterer Kreide zu belasten.

15

DIE ABSCHLUSSRETUSCHEN

Die Bedeutung der Abschlußretuschen in einer Zeichnung hängt von den Verbesserungen ab, die man damit erreichen kann. Wird eine ursprünglich kraftvolle Darstellung durch die Retusche geschwächt, sollte man lieber darauf verzichten. Mit dem Wischer oder dem Radierer kann man die Umrisse präzisieren und störende Verschmutzungen beseitigen. Keinesfalls darf man eine Form schwächen oder etwas aufweichen, was präzise bleiben muß.

17

16 Die letzten Details bestehen aus der Betonung einiger Kanten mit Hilfe weißer Kreide, um das Gefühl von Volumen zu verstärken. Hier heben wir eine Kante hervor, damit die Einzelheiten des Reliefs nicht in der Schattierung des Behälters verlorengehen.

16

17 Die Übung ist beendet. Die Ausarbeitung reicht für unsere Zwecke mehr als aus. Die Tonwerte sind korrekt, und alle Übergänge sind angemessen verwischt. Jetzt brauchen wir unser Werk nur noch zu rahmen. Aber das können wir auch zu einem späteren Zeitpunkt erledigen.

EIN WEIBLICHER AKT ALS RÖTELZEICHNUNG

Um das Gebiet des Stillebens zu verlassen, wählen wir nun eine menschliche Gestalt als Motiv, genauer gesagt, einen weiblichen Rücken. Obwohl man annehmen könnte, daß der Mensch ein zu schwieriges Thema für den Anfänger ist, werden wir feststellen, daß die auftauchenden Probleme nicht viel anders sind als bei den bereits absolvierten Übungen. Wie stets bei der künstlerischen Zeichnung geht es um die Bestimmung der Tonwerte, das Schattieren und das Verwischen. Voraussetzung ist natürlich, daß die Formen mit Hilfe geometrischer Körper korrekt umrissen werden, wie wir es während der vorigen Übungen ebenfalls getan haben.

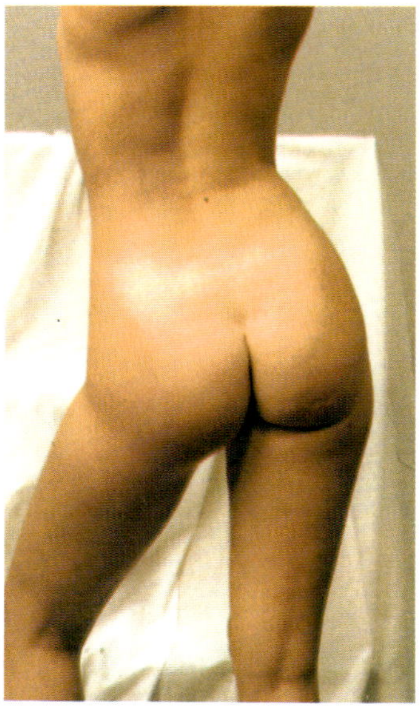

DAS MATERIAL

- Cansonpapier „Mi-teintes" in Hellsiena.
- Rötel, Pastellweiß und Farbkreide in Sepia.
- Plastikradierer.
- Wischer.
- Zeichenbrett und Reißzwecken.

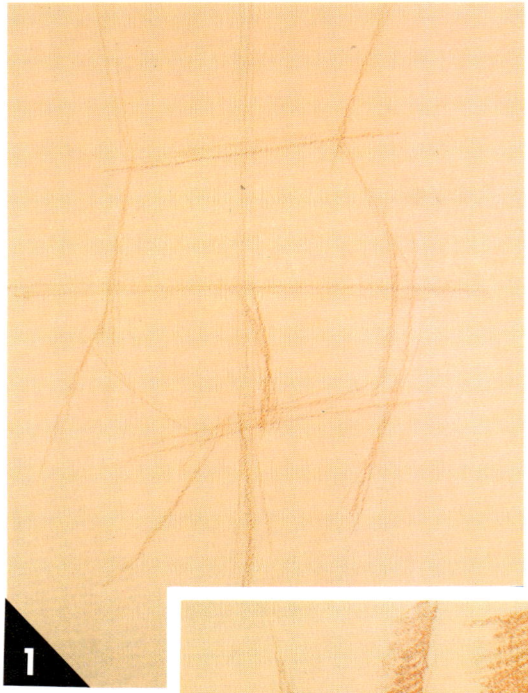

1

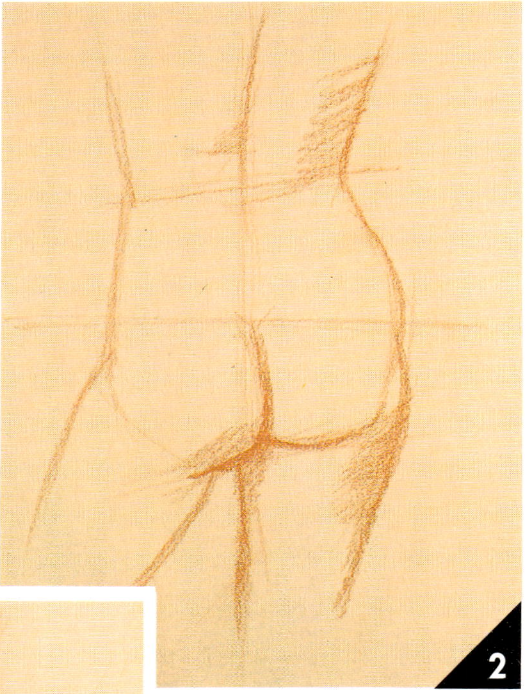

2

1 Wie stets, zeichnen wir das Kreuz, mit dem wir das Motiv auf dem Papier zentrieren. Anschließend legen wir das Fünfeck für die Hüften und das Gesäß an und neigen es ein wenig, um den Hüftknick anzudeuten. Im Moment reduzieren wir noch alle Formen auf gerade Linien, um den Rücken korrekt auf dem Papier zu umreißen.

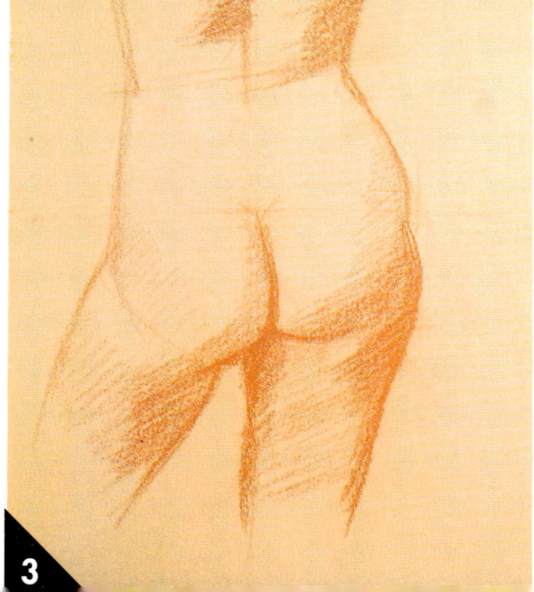

3

2 Obwohl das Thema auf den ersten Blick kompliziert zu sein scheint, erkennen wir, daß sich aus der Umzeichnung mit dem Fünfeck und einigen Geraden mühelos die korrekte Anatomie entwickeln läßt. Dazu brauchen wir nur einige Geraden in sanfte Bögen zu verwandeln.

3 Mit Hilfe paralleler Striche beginnen wir zu schattieren. Auch wenn sich die Körperteile mühelos auf Zylinder, Ellipsen oder Kreise reduzieren lassen, dürfen wir nicht vergessen, daß es sich nicht um gleichförmige Körper handelt. Wir müssen die Verbreiterungen und Verschmälerungen des Rumpfs und der Beine beim Schattieren berücksichtigen.

Wir haben den Hintergrund mit dem weißen Pastell aufgehellt, um einen energischeren Kontrast zu den Flanken zu erreichen, als es mit dem hellen Siena des Papiers möglich wäre.

Die Wirbelsäule bildet eine Vertiefung, die den Rumpf in zwei Halbzylinder unterteilt. Es empfiehlt sich, diese Eigenart grundsätzlich zu unterstreichen, wenn Sie einen Rückenakt zeichnen.

Dieser Schatten stellt die Rumpfform dar, also einen der beiden symmetrischen Halbzylinder, die von der Wirbelsäule getrennt sind. Wir haben ihn abgeschattet, um ein Gefühl von Volumen zu erzeugen.

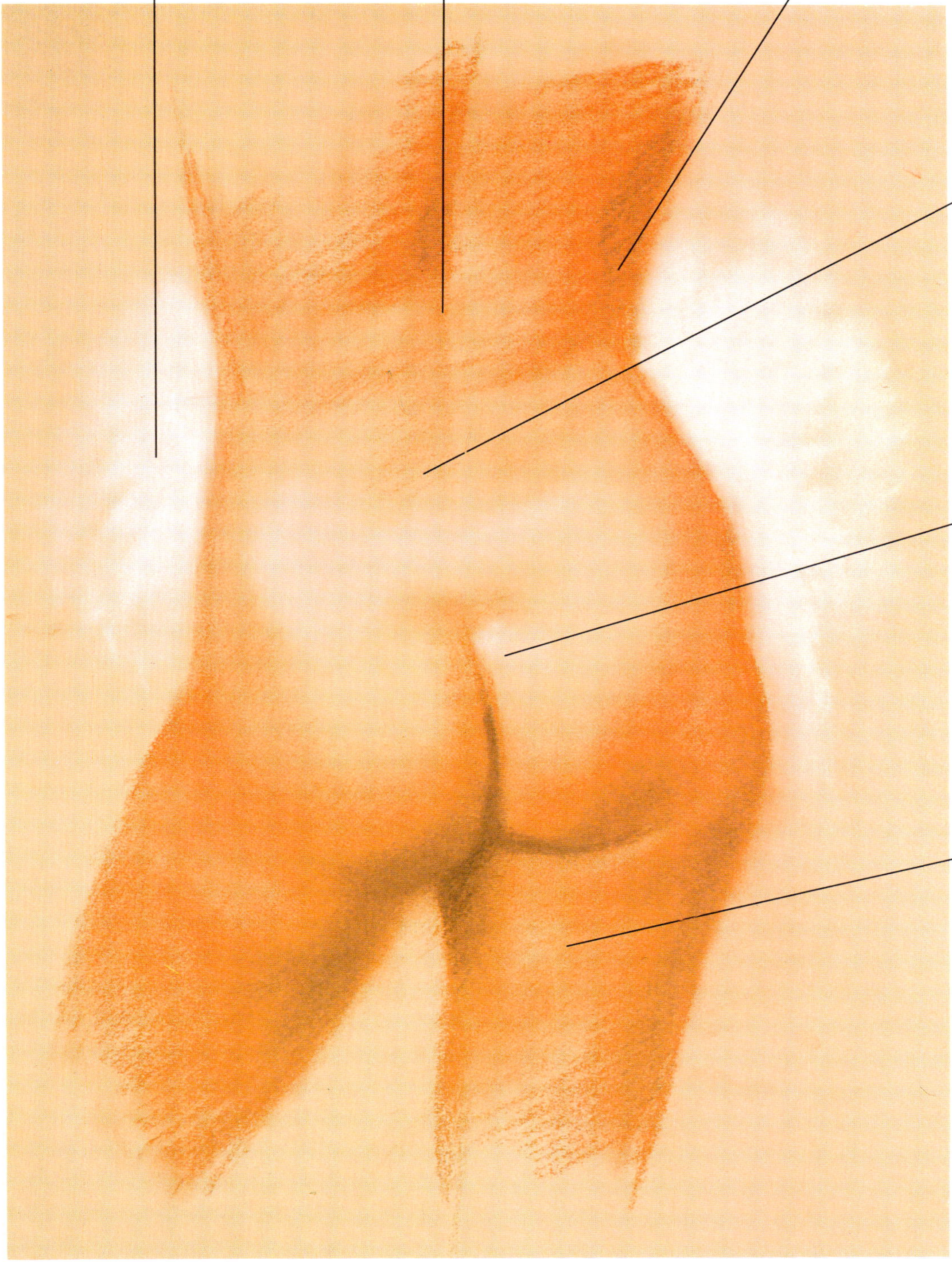

Dies ist die Fläche mit den Halbtönen, für die wir die Farbe des Papiers nutzen. Die Verschmelzungen müssen hier äußerst weich erfolgen, weil die Fläche anatomisch flach oder beinahe flach ist.

Das Gesäß ist die am stärksten beleuchtete Stelle. Deshalb haben wir die Ausarbeitung hier mit Weiß verstärkt. An der Begrenzung dieses Weiß mit den Schraffuren der Rötelkreide haben wir die Farbe des Papiers stehengelassen.

Die Oberschenkel sind der dunkelste Teil der Zeichnung. Geometrisch entsprechen sie zwei Zylindern, genauer gesagt, zwei abgeschnittenen umgekehrten Kegeln. Diese geometrische Eigenart muß man beim Schattieren und Modellieren im Sinn haben.

4 Wir verwischen die ersten Schraffuren mit den Fingern und verstärken dabei den Ton unter dem Gesäß, um von vornherein eine korrekte Ausarbeitung zu erhalten. Es empfiehlt sich, die Wölbung des Gesäßes nicht extra zu betonen, denn diese läßt sich ebenso realistisch ausdrücken, indem wir sämtliche Schatten an die richtige Stelle legen.

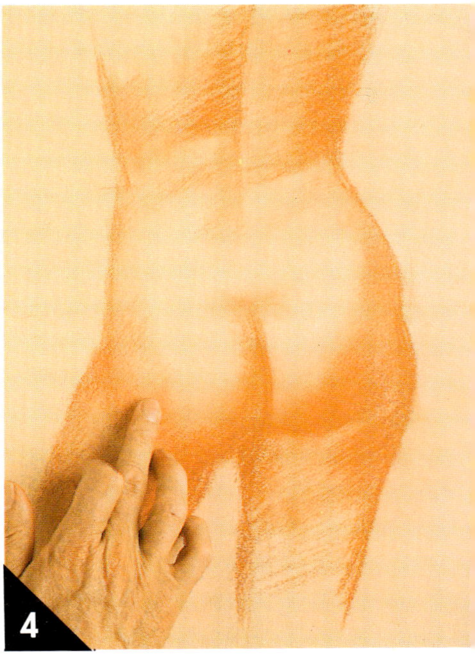

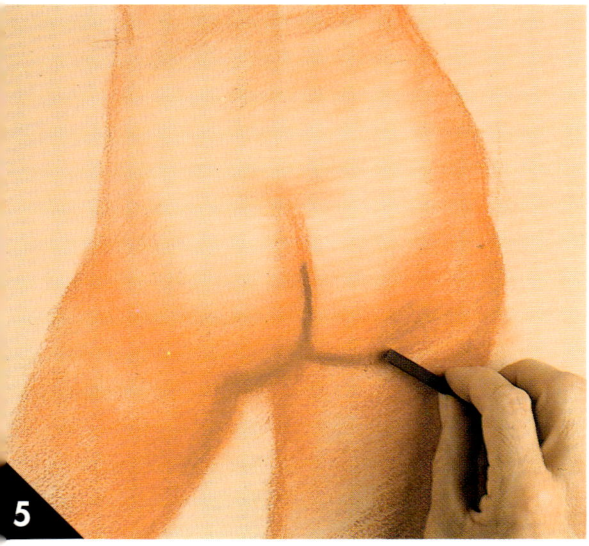

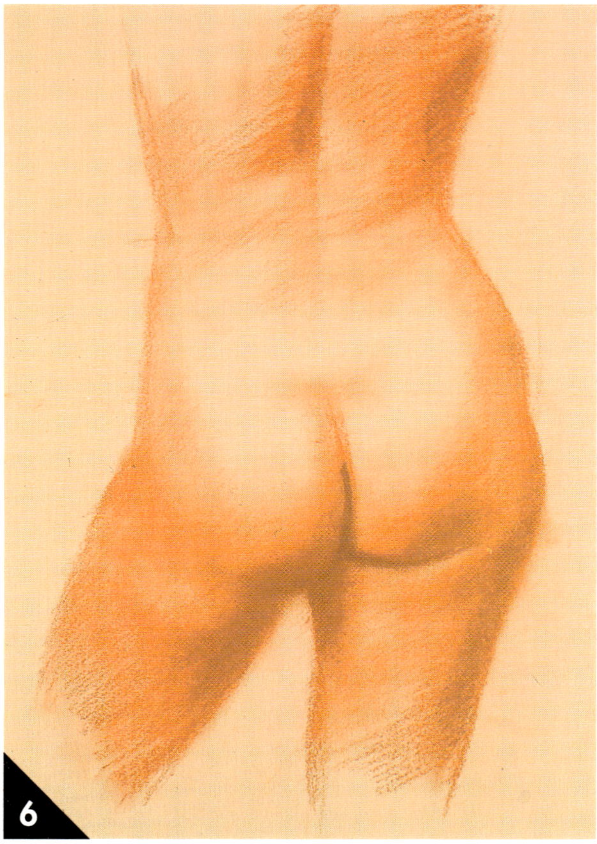

5 Nachdem der untere Abschnitt des Gesäßes verwischt ist, überarbeiten wir ihn mit der Kreide in Sepia, um die Form stärker hervorzuheben und zu verhindern, daß sie sich innerhalb der übrigen Verschmelzungen verliert. Wir ziehen beinahe gerade Striche, die nicht zu stark ausfallen dürfen und nicht verwischt werden, weil die Darstellung sonst verschmutzen könnte.

6 Nach dem Verwischen der Rötelstriche könnten wir die Zeichnung beinahe schon beenden, denn alle Volumen sind korrekt und deutlich angelegt. Trotzdem verlangt das Werk an manchen Stellen eine stärkere Betonung.

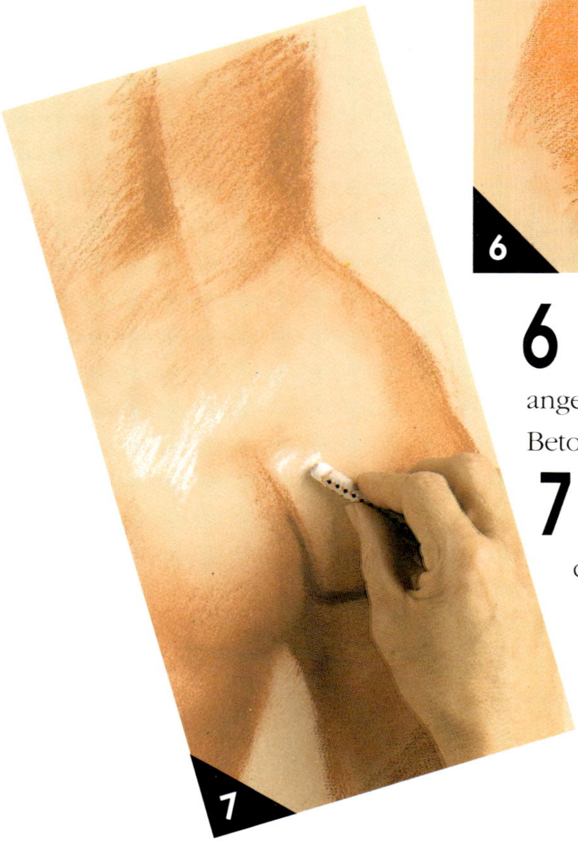

7 Wir tragen Pastellweiß auf, um das Volumen des Gesäßes zu verstärken. Dabei müssen wir berücksichtigen, daß Pastellfarben erheblich stärker decken als Farbkreiden und daß man mit wenigen Strichen bereits relativ große Flächen verwischen kann. Wir tragen also nur wenige Tupfer auf die am stärksten beleuchteten Stellen.

DIE DARSTELLUNG VON GESTALTEN

Sind wir in der Lage, die geometrischen Grundformen korrekt zu zeichnen, können wir theoretisch jede Fläche darstellen, da sich alle auf diese Formen reduzieren lassen. Die Ausarbeitung einer Gestalt erfordert jedoch größere Aufmerksamkeit und Sorgfalt, denn die Flächen sind nirgends absolut eben. Studieren Sie daher Ihr Modell aufmerksam.

8 Wir verwischen das Pastellweiß auf den beiden Gesäßbacken. Die Verschmelzungen sind nicht gleichförmig, sondern enthalten einige Spitzlichter oder größere Weißstellen, die die Modellierung abrunden.

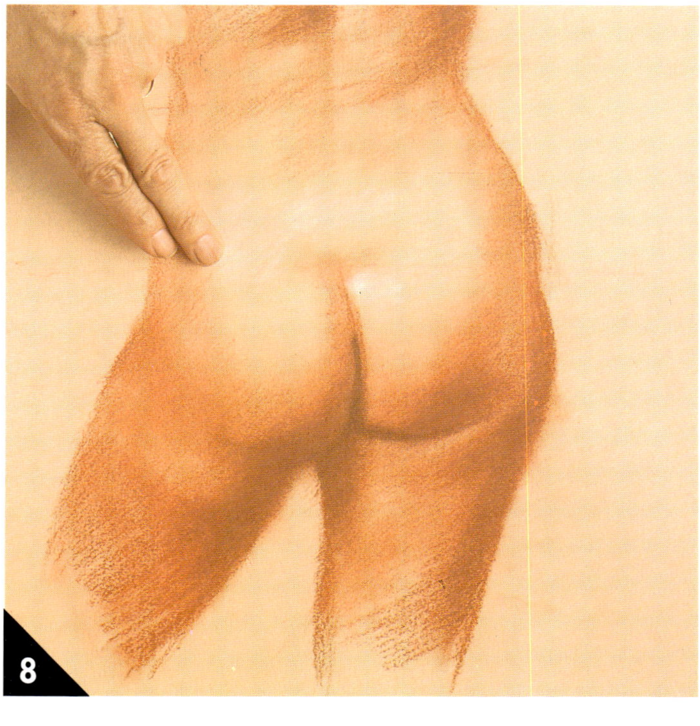

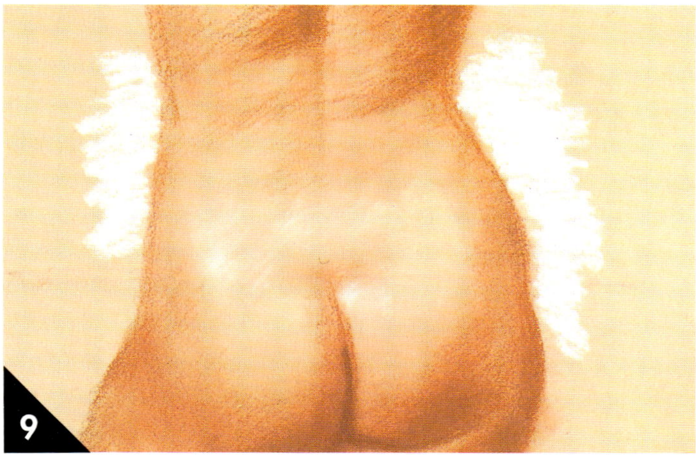
9

9 Zum Abschluß der Zeichnung färben wir den Hintergrund zu beiden Seiten der Flanken mit weißer Kreide, um den Kontrast zu verstärken. Solche sogenannten „provozierten“ Kontraste (die sich nicht unmittelbar durch das Modell ergeben) sind absolut zulässig, wenn man eine unscharfe Stelle stärker hervorheben oder die Umrisse besser definieren möchte, ohne dunkle Linien ziehen zu müssen.

10

10 Wir haben die Zeichnung beendet und können mit dem Ergebnis zufrieden sein, denn das Motiv (jetzt können wir es ja zugeben) war auf den ersten Blick recht schwierig. Beim künstlerischen Zeichnen sollte man jedoch nicht vor Schwierigkeiten zurückschrecken, sondern sich ihnen stellen, wenn sie sich ergeben. Die Ausarbeitung war wegen der Unregelmäßigkeiten kompliziert. Durch aufmerksames geduldiges Arbeiten ist sie uns meiner Ansicht nach jedoch gelungen.

EINE PFLANZE MIT BLAUER KREIDE

Als nächstes werden wir eine Pflanze ausschließlich mit blauer Kreide zeichnen. Unsere Wahl mag ein wenig extravagant erscheinen angesichts der Tatsache, daß Blau als Grundfarbe bei der traditionellen künstlerischen Zeichnung kaum üblich ist. Eben aus diesem Grund habe ich diesen Ton gewählt und nicht die typischere Zeichenkohle oder die Rötelkreide. Sagen wir, es handelt sich um eine „experimentelle" Zeichnung, mit der wir die Möglichkeiten des Helldunkels beim Verwischen und Anlegen der Tonwerte untersuchen wollen.

DAS MATERIAL

- Weißes Zeichenpapier mit mittlerem Korn, 35 x 50 cm.
- Blaues Kreidestäbchen.
- Plastikradierer.
- Wischer.
- Zeichenbrett und Reißzwecken.

Der weiße Hintergrund bleibt, wie er ist: weiß. Es ist nicht ratsam, ein Umfeld um die Pflanze entstehen zu lassen (Felsen, weitere Pflanzen, die Landschaft etc.), da dieses die Aufmerksamkeit vom Hauptmotiv ablenken würde, das aus sich heraus bereits komplex und unregelmäßig ist.

1

An einigen Stellen habe ich die Blätter ohne Schraffur gelassen und sie nur gegen den Hintergrund abgehoben. Dadurch habe ich größere Abwechslung erreicht und die Vielfalt der Tonwerte verstärkt und außerdem dafür gesorgt, daß die Pflanze dreidimensional erscheint. Manche Teile treten stärker in den Vordergrund, andere ziehen sich nach hinten zurück.

Entsprechend der grünen Farbe habe ich die Mitte jedes Blattes mit Blau verstärkt. Die Umsetzung der Originalfarbe in einen Tonwert ist eine der Hauptaufgaben, auf die wir bereits mehrfach ausdrücklich hingewiesen haben. In diesem Fall verstärkt der Kontrast zwischen der Mitte der Blätter und den hellen Rändern die gewünschte Wirkung.

2

1 Sie wissen inzwischen, wie man eine Zeichnung beginnt: mit einem zentrierten Kreuz, das uns hilft, die Formen korrekt zu verteilen. Unser heutiges Modell läßt sich nicht leicht auf die Grundformen reduzieren. Am einfachsten geht es, wenn man die einzelnen Teile aufmerksam studiert und die Pflanze Blatt für Blatt darstellt. (Zeichnen Sie die Formen gegebenenfalls mit Bleistift vor, damit Sie radieren und eventuelle Fehler ausbessern können.)

2 Die dunkelsten Grautöne kommen als nächstes an die Reihe. Sie werden als weiche Schraffuren aus parallelen Strichen angelegt.

Diese Schatten außerhalb der Pflanze ergeben sich aus der Notwendigkeit, alle Teile innerhalb eines Ganzen zu integrieren. Die Blätter werden zum einen durch ihre Form und deren Schatten definiert, zum anderen auch durch den Kontrast ihrer Umrisse mit dem abgedunkelten Hintergrund.

Die Rückseite der Blätter liegt im Schatten und muß dunkler gehalten werden, damit eine dreidimensionale Wirkung entsteht. Mit Hilfe dieses Kontrastes können wir das Volumen und den Verlauf jedes Blattes darstellen.

Diese Grautöne entsprechen nicht dem Wurfschatten der Pflanze, sondern sind eine zusammenfassende Darstellung der felsigen Umgebung. Sie sind erforderlich, um den Betrachter annähernd über die Fläche zu informieren, auf der sich das Motiv befindet.

3 Bei dieser Übung können wir kaum mit den Fingern verwischen, weil das Motiv keine großen Massen oder Volumen aufweist. Für die einzelnen Blätter sowie alle Grautöne und Verschmelzungen rund um die Pflanze müssen wir einen Wischer verwenden.

4

4 Das Innere der Blätter habe ich so verwischt, daß der Ton mehr oder weniger fortlaufend erscheint, also ohne Brüche zu erzeugen. Für die hellen Ränder schneide ich einen kleinen Kegel aus meinem Radiergummi, mit dem ich die weißen Linien auf der zuvor verwischten Fläche wieder öffne.

5

5 Ich fahre fort mit dem Verwischen der unteren Teile der Blätter. Dafür verwende ich den Wischer wie ein Zeichengerät und nutze die Verschmutzung an der Spitze, um die Innenränder zu zeichnen. Ich zeichne und verwische also gleichzeitig.

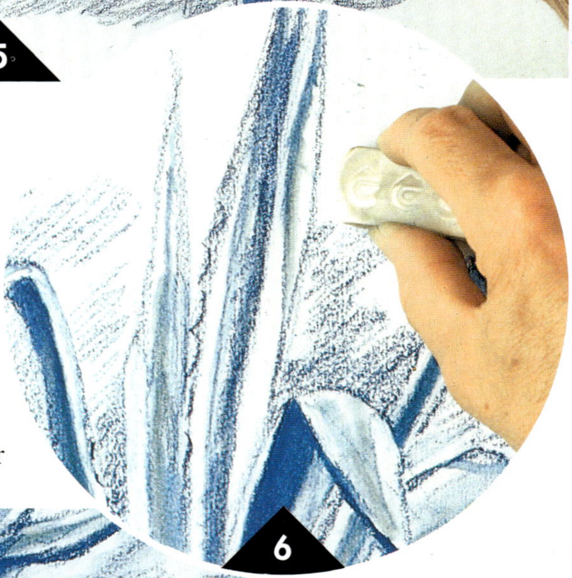
6

6 Bei einem so unregelmäßigen Motiv wie diesem gerät man immer über den Rand hinaus. Abhilfe schafft der Radiergummi, mit dem man die störenden Striche und Farbflecken entfernt und die Umrisse präzisiert.

7 Hier können wir doch mit den Fingern verwischen, da es sich um mehr oder weniger „abstrakte" Flecken handelt, die den Felsen der Umgebung entsprechen. Diese Stellen dürfen nicht zu stark präzisiert werden. Es reicht, wenn man die Unebenheiten des Geländes durch leichtes Schraffieren um die Pflanze andeutet.

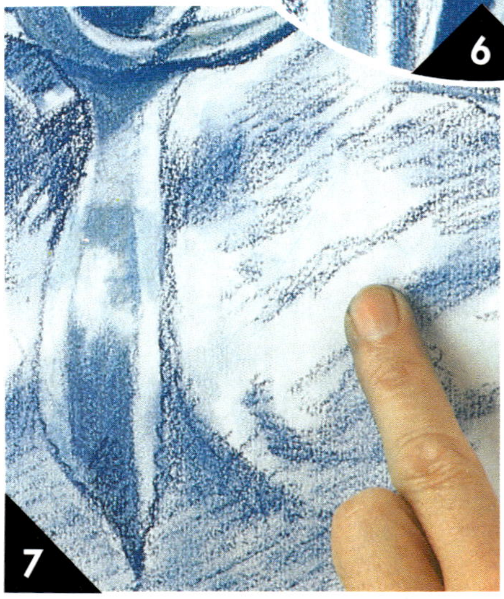
7

8 Es ist uns gelungen, das Motiv in eine Umgebung zu integrieren. Das ist wichtig, weil isolierte Elemente bei einer Zeichnung mit einem Thema wie diesem ein bißchen absurd wirken würden. Die Pflanze hat ohne allzugroße Mühe bereits ein überzeugendes, beinahe endgültiges Aussehen angenommen.

8

9

9 Die letzten unerläßlichen Retuschen: Wir müssen einige schattige Stellen um das Motiv aufhellen, um die Schraffur für die Felsen vielfältiger zu gestalten und allzu gleichförmige Schatten zu vermeiden. Dazu öffnen wir einiges Weiß mit dem Radierer.

DER ARBEITSRHYTHMUS

Jedes Thema einer künstlerischen Zeichnung erfordert seinen eigenen Rhythmus. Ihn zu finden, ist einer der Hauptfaktoren für den Erfolg der Arbeit. Halten wir uns zu stark bei jeder Einzelheit auf, wirken die Formen überladen. Ein Motiv wie dieses sollte lokker dargestellt werden, ohne übermäßige Ausarbeitung der Details. Die Formen müssen „leben". Das heißt, sie sollten jene unfertigen Stellen aufweisen, die ihre Attraktivität ausmachen.

10

10 Als Schlußfolgerung unserer Arbeit stellen wir fest, daß die blaue Kreide ein ausgezeichnetes Medium für eine einfarbige Zeichnung ist. Sie liefert eine ebenso vielfältige Tonwertskala wie der Rötelstift, die Zeichenkohle oder die Sepiakreide. Vielleicht ist die Skala sogar noch breiter, denn die Sättigung von Blau ist größer als zum Beispiel die von Sepia. Kurz gesagt: Das Ergebnis entspricht voll und ganz unseren Erwartungen.

EIN UNGEWÖHNLICHES MOTIV MIT RÖTEL UND WEISSER KREIDE

Erneut Rötel, erneut weiße Kreide. Diesmal verwenden wir sie für ein Motiv, das aus dem Üblichen herausfällt. Es handelt sich einfach um ein Waschbecken. Wundern Sie sich bitte nicht darüber, denn solche Themen sind ganz nach dem Geschmack der heutigen Maler. Sie sind anspruchslos, jedoch von erheblicher Komplexität, so daß der Künstler sein ganzes Können einbringen muß, um die Form und die Komposition zu lösen. Außerdem stellen sie wegen ihrer Originalität eine Herausforderung dar. Sie reißen uns aus der Routine dessen, was wir bisher bereits können.

1 Als ersten Schritt zeichnen wir das kompositorische Kreuz in die Mitte des Papiers und umreißen das Motiv entsprechend. Wichtig ist, daß die Umrahmung ein gutes kompositorisches Gleichgewicht aufweist und die großen Massen der Zeichnung korrekt plaziert sind.

DAS MATERIAL

- Cansonpapier „Mi-teintes" in Hellblau.
- Rötelstäbchen und weiße Kreide.
- Halter für Kreidestäbchen.
- Plastikradierer.
- Wischer.
- Zeichenbrett und Reißzwecken.

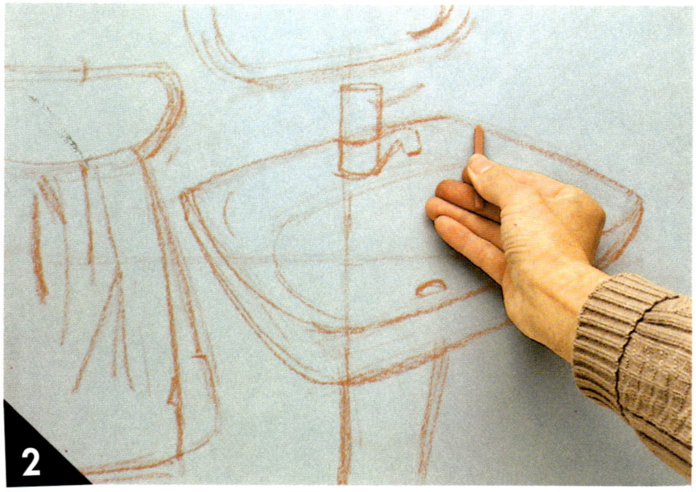

2 Anschließend betrachten wir aufmerksam das Modell und konkretisieren alle Umrisse mit einer (fast) durchgehenden Linie, die die Formen begrenzt und definiert. Das Motiv ist sehr gleichmäßig und geometrisch. Das ist ein großer Vorteil beim Präzisieren der Umrisse.

3 Hier erkennen Sie die gut begrenzten Umrisse der Zeichnung. Auch die Falten des Handtuchs und einige weitere Schatten sind angedeutet. Sie sehen, es handelt sich um eine sehr schlichte, beinahe nüchterne Komposition. Wir können uns daher auf die wesentliche Form der Elemente beschränken und brauchen uns nicht mit Details aufzuhalten.

Wie bei den vorigen Übungen haben wir den Hintergrund der Zeichnung nicht schattiert. In diesem Fall war es wegen des Farbtons, den wir für das Papier gewählt haben, nicht erforderlich.

Das Becken wurde äußerst schlicht und wirkungsvoll ausgearbeitet. Wir haben den unteren Teil mit weißer Kreide gemalt und lassen oben die Farbe des Papiers durchscheinen.

Der Schatten dieses Teils des Beckens besteht aus einer Mischung der Farbe des Papiers mit der Rötelkreide. Dadurch entsteht ein Gefühl von Räumlichkeit, ohne daß wir schattieren oder verwischen müssen.

Das Handtuch wird mit der weißen Kreide als heller Farbe, dem Blau des Papiers als mittlerer Ton und der Rötelkreide für die Schatten modelliert.

Die Rötelkreide „löst" die Umrisse der Formen vom Hintergrund. Um dies zu verhindern, müssen die Striche etwas verwischt und unschärfer werden.

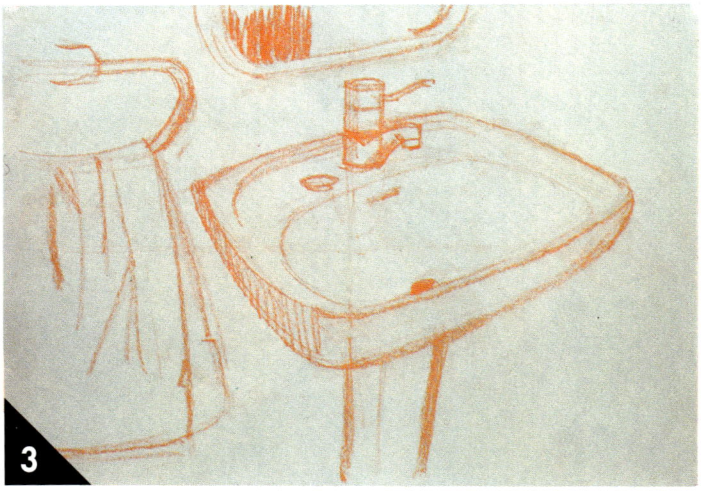

3

4

4 Die Schraffuren für die Schatten sind hier nicht so stark wie bei den vorigen Übungen. Mir geht es darum, mit einfachen Kontrasten zwischen dem Untergrund, der weißen Kreide und der Rötelkreide zu spielen.

5 Wir hellen den Ton der Oberseite des Beckens mit weißer Kreide auf. Auf diese Fläche fällt das meiste Licht. Sie muß also kräftig mit den übrigen Seiten kontrastieren. Durch das Zeichnen mit der Rötelkreide verstärken wir gleichzeitig die am stärksten beleuchteten Stellen.

6 Es hat den Anschein, als schattierten wir bei dieser Übung mit Weiß. Das erklärt sich aus der Tatsache, daß der Hintergrund dunkel und die Elemente des Motivs eine weiße Farbe besitzen. In Wirklichkeit malen wir die Lokalfarbe (die Eigenfarbe) der einzelnen Teile unserer Komposition.

7 Hier erkennen wir die Möglichkeiten einer Zeichnung auf farbigem Papier. Für den Wasserhahn reichen zum Beispiel wenige Farbstriche und Schraffuren aus. Immer spielen wir mit dem Ton des Papiers und einigen Spitzlichtern aus weißer Kreide.

8 Aufgrund der fortschreitenden Sättigung der weißen Farbe, aus denen die Flächen bestehen, gewinnt die Zeichnung an Klarheit und tonalen Kontrasten. Die Metallelemente bestehen aus dem Papierton als Lokalfarbe sowie einigen Spitzlichtern mit weißer Kreide.

9 Dieses aufgerollte Saugpapier dient uns als Wischer zum progressiven Verstärken der weißen Farbe in der Vertiefung des Beckens.

MÖGLICHST EINFACHE LÖSUNGEN

Bei der künstlerischen Zeichnung ist die beste Lösung immer die ungekünstelte, auch wenn sie uns vielleicht nicht gleich einfällt. Der Rückgriff auf ein Quadratnetz ist eine dieser einfachen Lösungen. Er verleiht der Zeichnung Anmut und Originalität, ohne die Natürlichkeit zu beeinträchtigen, von der sich der Künstler stets leiten lassen muß. Fast immer liegt die Lösung im Motiv selbst. Man muß sie nur zu finden wissen.

10 Die Zeichnung ist beinahe fertig. Ich bin versucht, sie so zu lassen. Doch dann wird mir klar, daß der Hintergrund eine Verdeutlichung benötigt. Daher zeichne ich einige Linien, die ein Fliesenmuster ergeben. Sie sorgen für einen visuellen Bezug, der die Fläche konkretisiert.

11 Das war's. Ich gebe zu, daß die Darstellung dieses Themas ein sehr angenehmer Zeitvertreib für mich war. Hauptsächlich wegen der Originalität des Motivs, aber auch, weil es immer interessant ist, auf farbigem Papier zu arbeiten und bestimmte Effekte auszuprobieren.

EINE TOPFPFLANZE AUF DUNKLEM GRUND

Wir setzen unsere „Experimente" auf farbigem Papier fort und werden jetzt auf einem sehr dunklen Grund zeichnen. Er ist so dunkel, daß wir beinahe von einer „Negativzeichnung" sprechen können, bei der man von dunkel nach hell arbeitet. Die Wahl des Themas entspricht dem Malgrund. Die sehr helle Pflanze hebt sich stark vom dunklen Untergrund ab. Diesen brauchen wir nicht anzulegen, denn er wird vom Papier vorgegeben. Damit sind wir bereits bei der Arbeit.

DAS MATERIAL

- Cansonpapier „Mi-teintes" in Dunkelgrau.
- Rötelstäbchen, Farbkreiden in Weiß, Siena dunkel und Schwarz.
- Plastikradierer.
- Wischer.
- Zeichenbrett und Reißzwecken.

1 Nachdem wir das kompositorische Kreuz ins Zentrum des Papiers gelegt haben, skizzieren wir das Motiv. Es handelt sich um eine einfache Skizze, die Ihnen keine Schwierigkeiten bereiten dürfte, da sie sich auf die Geometrie des Topfes und die Hauptlinien für die Blätter der Pflanze stützt.

2 Hier die fertige Vorzeichnung, die wir nun ausmalen können. Ich habe versucht, die zahlreichen Unregelmäßigkeiten der Blätter getreulich wiederzugeben, ohne zu minuziös oder detailliert zu werden. Der weiße Kreidestrich braucht nicht zart auszufallen. Im Gegenteil: Es empfiehlt sich, mit dicken Strichen zu arbeiten.

3 Anstatt der üblichen Schraffur, die später verwischt werden muß, „schattieren" wir mit weißer Kreide. Wir arbeiten also negativ und hellen die Blätter auf, um die Unregelmäßigkeiten anzuzeigen, anstatt sie mit Hilfe von Strichen dunkler zu gestalten.

4 Hier schatten wir den Untergrund tatsächlich mit Farbkreide in Dunkelsiena ab. Die Striche entsprechen der unbeleuchteten Seite des Topfes sowie der Fläche für die Erde. Damit die Schattierung gut zu erkennen ist und sich nicht auf dem Papierton verliert, müssen die Striche sehr kräftig sein.

Die Eigenfarbe des Papiers für diese Übung – ein dunkler Grauton – bildet den Untergrund unserer Zeichnung. Sie wurde beinahe für sämtliche Blattflächen genutzt. Um eine starke Helldunkelwirkung zu erreichen, brauchte nur sehr wenig hinzugefügt oder nuanciert zu werden.

Die Schatten im Innern der oberen Blätter bestehen ausschließlich aus dem Ton des Papiers. Für die Umrisse der Blätter wurden leichte weiße Kreidestriche und für die dunkelsten Stellen einige schwarze Farbflecken hinzugefügt.

Die Oberseite der Blätter ist beinahe vollständig mit weißer Kreide abgedeckt. Das Weiß ist weder gleichförmig, noch wurde es verwischt. Die Striche sind weiterhin zu sehen. Sie drücken die rauhe Oberfläche der Blätter aus.

Dies ist die einzige Stelle der Zeichnung, wo der Untergrund mit einer anderen Farbe nuanciert wurde. Der Wurfschatten des Blumentopfes ist erforderlich, um den flachen Boden darzustellen. Er wurde mit schwarzer Kreide angelegt und verwischt.

Im Schatten stützt sich die Darstellung des Blumentopfes auf dunkles Siena. Die Lokalfarbe des Topfes besteht aus Rötel. Beide Farben wurden auf die übliche Weise mit den Fingern verwischt, bis die Ausarbeitung erreicht war.

Für den Griff der kleinen Gartenschaufel wurde weiße Kreide verwendet. Der Metallteil wurde mit schwarzer Kreide gemalt und ein Kontrast zum grauen Untergrund des Papiers hergestellt.

5 Nachdem die Schatten des Blumentopfes angelegt sind, haben wir die Lokalfarbe mit Rötelkreide gemalt. Der Kontrast zwischen diesen Tönen und dem dunklen Grau des Papiers ist sehr attraktiv. Die Arbeit war nicht besonders kompliziert: Die Verschmelzung von Rötel mit Sienakreide ist sehr einfach und benötigt keine mittleren Töne.

6 Wir beginnen mit der kleinen Gartenschaufel und verwenden dafür schwarze Kreide, die in Wirklichkeit aus einem Conté-Stäbchen besteht. Die Unterseite der Schaufel ist völlig schwarz, während die Oberseite mit einer Schraffur aus Dunkelsiena nuanciert wird.

7 Wir haben den Metallteil der Schaufel dargestellt und verschmelzen nun den Rötel und das Siena des Topfes mit den Fingern, um das zylindrische Volumen herauszuarbeiten.

8 Wir bearbeiten alles gleichzeitig. Nachdem die Formen für die Schaufel angelegt sind, befassen wir uns noch einmal mit den Blättern und fügen Kontraste mit schwarzer Kreide hinzu, die die weißen „Grautöne“ beleben.

9 Wir schließen die Überarbeitung der Pflanze ab, indem wir die Umrisse der oberen Blätter aufhellen. Die unbeleuchteten Teile werden nicht schattiert, sondern nur an den Stellen für den maximalen Schatten mit Schwarz verstärkt. Die beleuchteten Flächen werden mit einer weißen Schraffur dargestellt, die wir kaum verwischen, damit die rauhe Oberfläche der Blätter erkennbar bleibt.

DIE BERECHNUNG DER FARBWIRKUNG

Beim Arbeiten auf sehr dunklem Papier oder auf einer sehr dunklen Farbe muß man vorab die Wirkung der Tonwerte innerhalb der Zeichnung berechnen und die Wahl seiner Farben entsprechend vornehmen. Die Farbbeziehungen zwischen den Linien bzw. Flecken und der Farbe des Papiers sind heikler als bei der Arbeit auf weißem oder sehr hellem Malgrund.

10 Das Ergebnis ist spektakulär, finden Sie nicht auch? Die Wahl der Papierfarbe war das Risiko wert. Die Kontraste sind sehr lebhaft, ohne schreiend oder effekthascherisch zu sein. (Diese Gefahr bestand.) Der Verlauf der Arbeit hat uns die Bedeutung der Kontraste nicht nur zwischen den einzelnen Farben, sondern auch zwischen diesen Farben und dem Untergrund verständlich gemacht.

EIN SEGELSCHIFFSMODELL MIT BLEISTIFT

Als letzte Übung in diesem Buch werden wir ein Galeonsmodell zeichnen, das sich in einer Ecke meines Hauses fand. Ich glaube, es ist ein nettes, interessantes Motiv. Allerdings ist es nicht ganz einfach, denn es enthält zahlreiche Details. Wir werden es mit Bleistift auf gelbem Papier zeichnen und dabei mit jenen Grautönen und Schattierungen arbeiten, die wir auf den ersten Seiten dieses Buches kennengelernt haben. Ich glaube, die Übung ist ein würdiger Abschluß für diese Übersicht über das Material und die Techniken der künstlerischen Zeichnung.

DAS MATERIAL

- Cansonpapier „Mi-teintes" in Hellgelb.
- Bleistift (3B).
- Plastikradierer.
- Zeichenbrett und Reißzwecken.

Der Hintergrund der Zeichnung besteht aus dem Hellgelb des Papiers, das sich hervorragend mit dem Schwarz des Bleistifts kombinieren läßt. Ich habe keinerlei Wurfschatten gezeichnet, damit der Kontrast des Graphits mit dem Hintergrund optimal bleibt.

Der Schatten der Segels entstand mit einer Schraffur aus Strichen in ein und derselben Richtung. Natürlich ist die Darstellung der Segel vereinfacht. Das Original enthält erheblich mehr Falten und ist wesentlich komplizierter.

Die Einzelheiten der Seitenwand wurden sorgfältig ausgearbeitet. Zunächst wurde der Abschnitt in die einzelnen Ebenen unterteilt und anschließend entsprechend der Farbe des Originals schattiert. Zum Abschluß wurden sämtliche Details hinzugefügt.

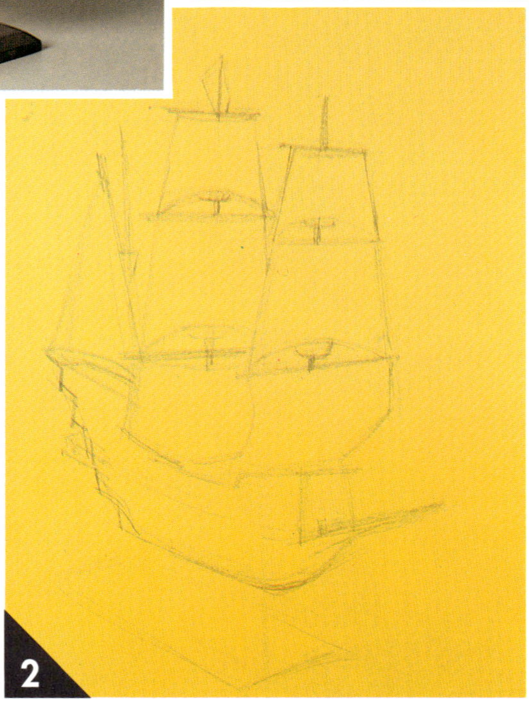

1 Wir beginnen die Zeichnung mit den allgemeinen Umrissen. Die Vorzeichnung ist hier von größerer Bedeutung als bei den vorigen Übungen, da das Motiv ziemlich kompliziert ist und sich aus zahlreichen unterschiedlichen Teilen zusammensetzt. Zwei wichtige Dinge sind zu berücksichtigen: erstens die Perspektive, in der wir das Schiff sehen, und zweitens die Masten, die absolut senkrecht stehen müssen, wenn die Zeichnung nicht verzerrt wirken soll.

2 Hier die Vorzeichnung des Schiffes. Die optische Verkürzung entstand durch die Perspektive der waagerechten Linien. Die Neigung muß bei allen Linien des Rumpfes gleich sein, so daß sie parallel verlaufen.

Das Innere des Schiffs muß intensiv schattiert werden, damit das notwendige Gefühl von Volumen entsteht. Anstatt „Volumen" sollte man hier besser „Hohlkörper" sagen, aus dem ein Schiff ja im Grunde besteht.

Der Sockel wird mit aller Sorgfalt gezeichnet und im gleichen Maße ausgearbeitet wie sämtliche anderen Teile des Schiffes. Es handelt sich um eine perfekte geometrische Figur, die keinerlei Schwierigkeiten bereitet. Es reicht, wenn man die Seiten korrekt schattiert.

3 Die gesamte Übung basiert auf der Dominanz gerader Linien – zumindest auf einer Grundlage aus diesen Geraden –, die später durch einige Bögen ergänzt werden. Hier konkretisiere ich gerade die Formen des Bugs mit seinem Mast.

4 Die Krümmung des Rumpfes habe ich durch weitere Linien an der Außenseite betont. Die Abstände zwischen den einzelnen Linien müssen genau berechnet werden, damit sie der besonderen Struktur des Schiffes entsprechen.

5 Hier zeichne und schattiere ich die Plattformen entlang den einzelnen Masten. Das ist nicht schwierig, vorausgesetzt wir haben die Höhen zuvor präzise berechnet.

6 Ich habe bereits einige Details schattiert, genauer gesagt jene, die den dunkelsten Stellen des Originalmodells entsprechen. Während dieses Schattierens füge ich weitere Elemente hinzu und konkretisiere die Zeichnung, wobei ich zuvor die Maße und Proportionen berechne.

7 Wir schattieren immer noch und fügen weitere Einzelheiten hinzu. Der Arbeitsrhythmus ist hier zwangsläufig langsam, da die Details klein sind und zuweilen mit Hilfe äußerst subtiler Nuancen innerhalb der Grautöne dargestellt werden.

8 Hier beginne ich mit dem Schattieren der Segel. Wie aus dem Foto des Modells auf Seite 58 hervorgeht, hängt der Stoff ziemlich schlaff. Es wäre äußerst kompliziert, alle Falten getreulich wiederzugeben. Deshalb begnügen wir uns mit einer gewissen Vereinfachung.

9 Ich fahre mit dem Schattieren fort und behalte stets dieselbe Strichrichtung bei. Dies ist wegen der gleichartigen Struktur erforderlich. Würden wir die Richtung wechseln, hätte es den Anschein, als handelte es sich um unterschiedliche Segel oder verschiedenartiges Material.

10 Wir radieren alle Striche wieder aus, die außerhalb der endgültigen Umrisse liegen. Sie wissen, daß das Radieren auch eine Form des Zeichnens sein kann. In diesem Fall säubern wir die Konturen, um unnötige oder störende Linien zu entfernen.

11 Der Sockel, auf dem unsere kleine Galeone ruht, ist ein ebenso wichtiges Teil wie alle anderen und erfordert dieselbe Aufmerksamkeit. Nachdem ich eine ziemlich allgemeine Schraffur angelegt habe, differenziere ich die einzelnen Flächen durch weiteres Abschatten der Oberseite.

BLEISTIFT AUF FARBIGEM PAPIER

Farbiges Papier verwendet man zwar normalerweise für die Arbeit mit Kreiden oder Pastell, es eignet sich jedoch auch für Bleistiftzeichnungen. In diesem Fall muß es jedoch zwangsläufig hell sein, da der Bleistift trotz seines Graphitanteils nicht die gleiche Sättigung wie die Kreiden oder die Pastellfarben besitzt.

12

12 Wie aus der Abbildung hervorgeht, bleibt aus künstlerischer Sicht nicht mehr viel zu tun. Es sollen ja nicht sämtliche Details des Schiffes wiedergegeben werden, als handelte es sich um ein Foto. Wir brauchen nur noch einige Grautöne zu verstärken und den einen oder anderen Umriß zu präzisieren.

13

13 Bei den kleinen Details des Bugs halte ich mich etwas länger auf, um sie stärker hervorzuheben. Die Punktierung für die Luken belebt die Seitenfläche und sorgt für zusätzliches Interesse.

14 Die letzten Retuschen: die Spitzlichter auf den Stützen. Diese erhalten Form und Volumen und verdienen entsprechende Beachtung, ohne daß die Darstellung übertrieben wird.

DETAILS BEI EINER BLEISTIFTZEICHNUNG

Mit dem Bleistift können wir wesentlich detaillierter zeichnen als mit Farbkreiden oder Pastellstäbchen. Diese Möglichkeit sollten wir nicht unterschätzen. Wir fügen daher die nötigen Einzelheiten hinzu, die dem Endergebnis zugute kommen. Vorsicht ist jedoch vor Übertreibung geboten, damit die Darstellung nicht leblos wirkt. Dies würde der künstlerischen Qualität schaden, die immer das Ziel bleiben muß.

14

15 Die fertige Zeichnung. Die Präzision und die detaillierte Arbeit haben keinesfalls Langeweile oder Überdruß hervorgerufen. Wie bereits erwähnt, erfordert jede Zeichnung ihren eigenen Rhythmus, und der Rhythmus dieser Zeichnung war langsam. Etwas in Ruhe „in Schönschrift" zu erledigen, ist zweifellos ein Vergnügen. Ich hoffe, Sie haben dieses Vergnügen mit mir geteilt und sind mit Ihrem Werk zufrieden. Wenn ja, beglückwünsche ich Sie dazu.